Couvertures supérieure et inférieure
en couleur

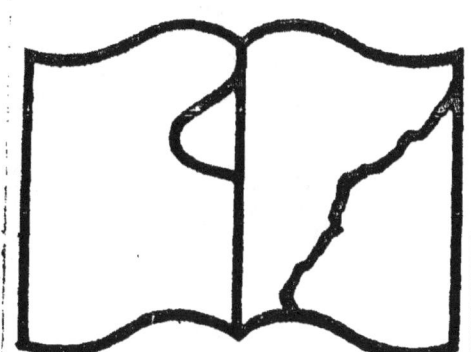

Texte détérioré
Marge(s) coupée(s)

COURRIER FRANÇAIS
ILLUSTRÉ
Jules ROQUES, Directeur — 1ʳᵉ Année

Le plus artistique des journaux illustrés. Aucun journal de ce prix ne donne dans chaque numéro autant de dessins intéressants — 8 pages de dessins sur 12. Le numéro, avec son supplément : 50 c. dans tous les kiosques et librairies. Abonnements, Paris et province, fr. par an. — Bureaux du Journal, 14, rue Séguier, Paris.

BOURBIER et LAMOUREUX
11, RUE DU CROISSANT, 11
PARIS

A LIRE
LE CHAT NOIR
Journal artistique et illustré

Auquel collaborent les plus fins humoristes et les poètes les plus en vue de la jeunesse littéraire.

Directeur : Rod. SALIS

Le théâtre du *Chat Noir*, si connu du tout Paris, donne en ce moment la *Tentation de Saint-Antoine* de H. R…, *l'Age d'or* de W… LETH… et *Avant le Salon* de H. Somm, les gros succès de la saison théâtrale.

Le fameux cabaret du *Chat Noir*, 12, rue Victor-Massé, est le rendez-vous coutumier des artistes d'élite et de ceux qui les aiment.

L'ART FRANÇAIS
De toutes les revues artistiques hebdomadaires, *l'Art Français* est certainement la plus complète, puisqu'on trouve dans chacun de ses numéros trois belles reproductions glyptographiques (procédé Silvestre) des principaux tableaux ou des statues les plus remarquables des musées, des expositions, etc. Ajoutons que le texte de *l'Art Français* a été confié à Firmin JAVEL, le critique bien connu.

Le numéro 15 centimes. Bureaux : 97, rue Oberkampf, Paris.

Sceaux. — Imprimerie Charaire et fils.

LES CHANSONS

DE

L'ANNÉE 1887

SCEAUX. — IMPRIMERIE CHARAIRE ET FILS.

JULES JOUY

LES CHANSONS

DE L'ANNÉE

PARIS

EN VENTE CHEZ BOURBIER ET LAMOUREUX

11, RUE DU CROISSANT

1888

LES
CHANSONS DE L'ANNÉE

A mon ami Georges Montorgueil.

L'ABBÉ ROUSSEL

Air de : *Cadet-Rousselle.*

L'abbé Roussel a trois maisons (*bis*)
Pleines d'orphelins bruns et blonds; (*bis*)
Dans des dentelles de Malines,
Il recueill' mêm' les orphelines;
   Ah! ah! ah! mais vraiment,
   L'abbé Roussel est bon enfant!

L'abbé Roussel a trois wagons (*bis*)
Pleins d' redingot's et d' pantalons; (*bis*)
Ses orphelins il les habille,
Moins cher qu'aux *Phar's de la Bastille.*
   Ah! ah! ah! mais vraiment,
   L'abbé Roussel est bon enfant!

L'abbé Roussel a trois rabats. (*bis*)
Les deux premiers, i' n' les met pas. (*bis*)
Chez lui, quand il fait la dînette,
Le troisièm' lui sert de serviette;

Ah! ah! ah! mais vraiment,
L'abbé Roussel est bon enfant!

L'abbé Roussel a trois bannièr's. (*bis*)
Le jour i' s' sert des deux premièr's. (*bis*)
Oui, mais, le soir, après l'église,
La troisièm' lui tient lieu d' chemise.
   Ah! ah! ah! mais vraiment,
   L'abbé Roussel est bon enfant!

L'abbé Roussel a trois enfants (*bis*)
Qui n'ont jamais eu de parents; (*bis*)
Pour qu' son pensionnat soy' prospère,
I' sèm' des orphelins sur terre.
   Ah! ah! ah! mais vraiment,
   L'abbé Roussel est bon enfant!

6 décembre 1886.

A MON AMI ANTIDE BOYER.

LA CRISE MINISTÉRIELLE

Air de : *La Ronde du Brésilien.*

Pour constituer un ministère,
Grévy fit appeler Floquet. (*bis*)
Pris d'une terreur salutaire,
Floquet fila comme un roquet. (*bis*)
Vite il sortit de l'Élysée,
Et, pour échapper au barbon,
Suivant une ligne brisée,
Regagna le Palais-Bourbon.

Grévy, par les pans, le tenait
Et tout bas le tannait :
« Voulez-vous (ter) faire un cabinet ? » (bis)
Hélas ! Floquet se débinait !
Tra la la la la la la, etc., etc.

Sans rechigner sur son ouvrage,
Grévy fit mander Clémenceau. (bis)
Clémenceau, manquant de courage,
Vers la porte ne fit qu'un saut. (bis)
Disant, d'un ton plein d'artifice,
Au président qui, sur lui, fond :
« Il faut que j'aille à la *Justice*,
« Relire un article de fond. »

Grévy, par les pans, le tenait
Et tout bas le tannait :
« Voulez-vous (ter) faire un cabinet ? » (bis)
Mais Clémenceau se débinait,
Tra la la la la la la la, etc., etc.

Bref, ne trouvant pas son affaire,
Grévy fit mander Freycinet (bis)
Et lui demanda de refaire,
De suite, un autre cabinet. (bis)
« La République en voit de grises »,
Lui dit-il, « il faut en finir,
« Ou sans ça, de crises en crises,
« Elle finira par mourir. »

Grévy, par les pans, le tenait
Et tout bas le tannait :

« Voulez-vous (*ter*) faire un cabinet ? » (*bis*)
    Et l'on recolla Freycinet.
    Tra la la la la la la la, etc., etc.

7 décembre 1886.

———

A MON AMI ALPHONSE ALLAIS.

LE MARCHAND DE MARRONS
(Chanson do meurt-de-faim)

C'est épatant c' que j' marronne
Quand j' vois les marchands d' marrons
V'nir, tous les ans, à l'automne,
Nous encombrer d' fourneaux ronds !

Pour fair' cuir' quoi ?... J' vous l' demande... ;
Qué' qu' chos' comm' des étrons d' chien ;
Ni pât', ni légum', ni viande,
On n' sait pas quoi, moins que rien !

Parol', ça m' rend taciturne
D' voir tous ces poêl's en plein air,
Quand y'a tant d' gens, dans leur turne,
Qu'ont pas d' quoi s' chauffer l'hiver !

L' marchand d' marrons, ça m' rend teigne ;
Qu' j'en pince un aux environs !...
J' te lui coll' un' bonn' châtaigne !
J' t'en fout'rai, moi, des marrons !

9 décembre 1886.

1. Meuriot, éditeur, 25, boulevard de Strasbourg, Paris.

A MON AMI GEORGES DE LABRUYÈRE.

LE TEMPS DES CRISES

Air : *Le Temps des cerises.*

Vous regretterez le beau temps des crises,
Quand, pauvres sans pain et riches gavés,
    Nous serons aux prises.
Les drapeaux de Mars flotteront aux brises,
Les drapeaux vermeils sur qui vous bavez.
Vous regretterez le beau temps des crises,
Quand viendra le Peuple en haut des pavés.

Quand vous pleurerez le beau temps des crises,
Le vil renégat et l'accapareur
    En verront de grises.
Les politiciens auront des surprises.
Les Judas, au ventre, auront la terreur.
Quand vous pleurerez le beau temps des crises,
Grondera partout la Rue en fureur.

Profitez-en bien du beau temps des crises,
Où le peuple jeûne et passe, en rêvant
    Aux terres promises.
Quand donc viendras-tu fondre les banquises,
O grand soleil rouge, ô soleil levant ?
Profitez-en bien, du beau temps des crises,
Où le Peuple veille et s'en va rêvant.

10 décembre 1886.

A mon ami Sutter-Lauman.

LES OPPORTUNISTES ET LES INTRANSIGEANTS [1]

Solo politique dédiée aux électeurs de la prochaine Chambre

Air : *Ah ! mesdam's, voilà du bon fromage !*

Quelle sci', vraiment ! Il est temps qu'ça finisse !
Ce qu'on nous rase avec les opportunisses !
Pour les électeurs, vrai, c'que c'est em…bêtant
D'entendre toujours parler d'intransigeants !

Qui qu'aim' le pouvoir ? Qui qui veut êtr' minisses ?
Ah ! mes bons amis, c'est les opportunisses.
Dans le fond d' son cœur qui qui l'aime égal'ment ?
Soyez-en certains, c'est les intransigeants.

Qui qui plac' rich'ment ses neveux et ses *fisses* ?
Ah ! mes bons amis, c'est les opportunisses.
Dans des sinécur's qui qui plac' ses parents ?
Soyez-en certains, c'est les intransigeants.

Qui qui trait' partout l'ouvrier d'immondices ?
Ah ! mes bons amis, c'est les opportunisses.
Dans l'intimité qui qui l' trait' de feignant ?
Soyez-en certains, c'est les intransigeants.

Qui qu'a la terreur des affreux communisses ?
Ah ! mes bons amis, c'est les opportunisses.
Devant la Commun' qui qu'a des tremblements ?
Soyez-en certains, c'est les intransigeants.

1. Meillard, éditeur, 20 *bis*, rue du Château-d'Eau, Paris.

Qui qui s' fich' pas mal que le peuple pâtisse ?
Ah ! mes bons amis, c'est les opportunisses.
Dans l' for intérieur, qui qui s'en fiche autant ?
Soyez-en certains, c'est les intransigeants.

Tout's ces élections, oh ! la la ! quel supplice !
Électeurs, votons tous pour des socialisses.
Bien loin de la Chambre envoyons pareill'ment
Les opportuniss's et les intransigeants.

11 décembre 1886.

A MON AMI FRANCIS MAGNARD.

LES RÉSIDENTS

Prédictions d'une somnambule extra-lucide.

Air : *Le Bureau de placement.*

Nommé résident au Tonkin,
Un pauvr' savant républicain
Partit pour ce pays nouveau,
   En pleurant comme un veau.

Un an après — quel triste sort !
Victime de cett' bell' contrée,
Dans un court accès de diarrhée,
Le pauvre homme trouva la mort.

Deux mois après cet accident,
Un beau soir, un autr' résident
Partit pour ce pays nouveau,
   En pleurant comme un veau.

Un an après — quel triste sort !
Victime de cett' bell' contrée,
Dans un court accès de diarrhée,
  Le pauvre homme trouva la mort.

Deux mois après cet accident,
Un beau soir, un autre résident
Partit pour ce pays nouveau,
  En pleurant comme un veau.

Un an après — quel triste sort !
Victime de cett' bell' contrée,
Dans un court accès de diarrhée,
  Le pauvre homme trouva la mort.

Deux mois après cet accident,
Un quatrième résident
Partit pour ce pays nouveau,
  En pleurant comme un veau.

Un an après — quel triste sort !
Victime de cett' bell' contrée,
Dans un court accès de diarrhée,
  Le pauvre homme trouva la mort.

Bref, i' y'eut tell'ment d'accidents,
On envoya tant d' résidents,
Qu'en Franc', tout l' mond' était parti ;
  I' n' restait qu' Jul's Ferry.

13 décembre 1886.

A mon ami Raoul Canivet.

LE BANC DES MINISTRES

Air : *Le Bi du Bout du Banc.*

Goblet s' disait en s'asseyant
Sur le bi, sur le bout, sur le bi du bout du banc :
   L'état d' ministre est effrayant
Sur le bi, sur le bout, sur le bi du bout du banc.

Chaqu' jour, on vient mettr' son séant
Sur le bi, sur le bout, sur le bi du bout du banc,
   Pour ouïr qué'qu' chos' de malséant
Sur le bi, sur le bout, sur le bi du bout du banc.

Serrant son portefeuille au flanc
Sur le bi, sur le bout, sur le bi du bout du banc,
   Quand la droit' dit noir on dit blanc
Sur le bi, sur le bout, sur le bi du bout du banc.

D'un discours superbe on se fend
Sur le bi, sur le bout, sur le bi du bout du banc,
   Et l'on va s'asseoir, triomphant,
Sur le bi, sur le bout, sur le bi du bout du banc.

Mais la gauch' vous lâch' subit'ment
Sur le bi, sur le bout, sur le bi du bout du banc,
   Et l'on dégringol' piteus'ment
Sur le bi, sur le bout, sur le bi du bout du banc.

Etr' ministr', c'est bien embêtant
Sur le bi, sur le bout, sur le bi du bout du banc;
Ça m'étonn' que l'on en voi' tant,
Sur le bi, sur le bout, sur le bi du bout du banc.

14 décembre 1886.

A MON AMI CHARLES CHINCHOLLE.

POUR LES INONDÉS

AIR DES : *Deux Gendarmes.*

L'autre jour, à la neuvièm' chambre,
Comparaissait un jeun' filou,
Surpris, au commenc'ment d' décembre,
Portant un' montr' volée au clou.
L' président, d'un air d'importance,
Lui dit : « — Prévenu ! répondez !
Quels sont vos moyens d'existence?...
— J' fais la quêt' pour les inondés. } *Bis.*

— Effronté ! vous n'avez pas honte
D'affubler du nom d' charité
Les larcins dont vous v'nez rendr' compte
D'vant un tribunal irrité !
Ils sont nombreux, soit dit sans r'proches,
Les goussets qu' vous avez vidés !...
— Mon bon jug', j' fouill' pas dans les poches : } *Bis.*
J' fais la quêt' pour les inondés !

— Bien qu' vous soyez dans l'indigence,
On n' vous voit qu' dans les beaux quartiers.

Des maisons de riche apparence
Vous errez dans les escaliers.
Vous trouvant d'vant les chambr' de bonnes,
Les concierg's vous dis'nt : « Descendez ! »
Que fait's-vous chez ces jeun's personnes ? } *Bis.*
— J' fais la quêt' pour les inondés.

— Fumiste ! en répondant d' la sorte,
Vous n'avez pas tout' votr' raison.
Je veux bien que le diabl' m'emporte,
Si vous n' fait's pas huit mois d' prison !...
— Mon bon juge, avant, j' vous en prie,
J' voudrais bien, si vous m' l'accordez,
Voir la répétition d' *Patrie :*
J' frai la quêt' pour les inondés. » } *Bis.*

15 décembre 1886.

A MON AMI MAC-NAB.

BANQUET POLITIQUE[1]

Couplets chantés au dessert par les principaux convives.

M. JULES GRÉVY.

Air : *Tant mieux pour elle.*

Cette fête est grande et belle.
(*Tous.*) Tant mieux pour elle.

M. GRÉVY.

Goblet est laid et petit.
(*Tous.*) Tant pis pour lui.

1. Maillard, éditeur, 29 *bis*, rue du Château-d'Eau, Paris.

M. RENÉ GOBLET (vexé).

Air : *Les Bidards*.

Monsieur Grévy n'avait qu'un billard,
Rien qu'un billard, un seul billard.
Riche aujourd'hui comme un boyard,
Comme un boyard, un vrai boyard,
Il va, quel bonheur est le nôtre!
Pouvoir en acheter un autre
Pour prendr', sur les All'mands pillards,
La revanch' de nos cinq milliards.
  Des gens ravis,
  C'est le pèr' Grévy,
  C'est la mèr' Grévy,
  Grévy fils, Grévy fille.
Chaque membre de la famille
  A son gré vit,
  Chez les Grévy.

M. FLOQUET, à M. Goblet.

Air des *Deux hommes d'armes* (Geneviève de Braban).

Depuis janvier jusqu'en décembre,
Maintenir ses droits discutés.
 (*Tous.*) Droits discutés!
A la tribune de la Chambre,
Toujours répondre aux députés.
 (*Tous*) Aux députés!
Faire avorter l'œuvre sinistre
D'un ennemi trop diligent.
 (*Tous*) Trop diligent!

Ah ! qu'il est beau !
(*Tous*) Ah ! qu'il est beau !
D'être ministre !
(*Tous*) D'être ministre !
Mais que c'est un sort exigeant ! } *Bis.*

Air : *T'en souviens-tu ?*

M. GRAGNON, à M. Floquet.

Saint-Just en toc, critiquant ma police,
Aurais-tu donc oublié, par hasard,
Le jour de gloire où, Palais de Justice,
Tu te cabrais à la barbe du tsar ?
Sur ton front bas, conservant, sans vergogne,
Ton fier chapeau, de gloire revêtu,
Tu t'écriais : « Môssieu, viv' la Pologne ! »
Dis-moi, Floquet, dis-moi, t'en souviens-tu ? } *Bis.*

17 décembre 1886.

A MON AMI GEORGES GRISON.

CHANSONS D'HIVER[1]

> « Voici venir l'hiver, tueur des pauvres gens. »
> JEAN RICHEPIN.

Les chiens perdus ont des fourrières ;
Les cygn's, des boît's sur leurs bassins ;
Les rôdeurs de nuit, des carrières ;
L' bagn' sert d'hôtel aux assassins.

La nuit, au poste, les roussins
Ont d' quoi s' coucher sur leurs derrières ;

[1]. Heuriot, éditeur, 25, boulevard de Strasbourg, Paris.

Les architect's pour un tas d' saints,
Ont creusé des nich's dans des pierres.

Eh ben, moi, pauvr' vieux ouvrier,
Parc' que j'ai pas d' quoi travailler,
J' peux mêm' pas ronfler comm' Gavroche.

Bah! J' m'en fich' d'avoir pas d' foyer,
Car si j'ai pas l' rond dans ma poche,
Au moins, j'ai pas d' terme à payer.

———

Nom de nom! V'là minuit! L'heure où
Les bourgeois s' fourr'nt dans l' portefeuille;
Tandis que moi, qui n'ai pas l' sou,
Je couche en plein air, comm' la feuille.

Bah! pourquoi m' plaindrais-j'? Mon log'ment,
Tas d' richards! a tout comm' les vôtres,
Des portes et des f'nêtr's, seul'ment,
C'est les port's et les f'nêtr's des autres.

Et puis, après tout, quand j' suis las,
Prenant mon chapeau comm' toiture,
Le pavé me sert de mat'las
Et l' vent qui souffl', de couverture.

N'import'! Tous ces logis m' sont doux,
Qu'ils s'appell'nt champ, voiture ou berge;
Car la belle étoil', voyez-vous,
C'est un' maison qu'a pas d' concierge.

18 décembre 1886.

A mon ami CORRÉARD.

L'ÉVANGILE DU PATRON

(Extrait des *Cantiques du Capital*, par M. Tolain.)

Air : *Jamais tu n'en pourras trop faire.*

Honnête ouvrier des fabriques,
Sois toujours humble et toujours bon :
Le travailleur mange des briques ;
Le Patron suce du bonbon.
Pour l'aimer, pour le satisfaire,
Redouble d'efforts empressés :
Jamais tu n'en pourras trop faire, } *Bis.*
Tu n'en feras jamais assez !

Pauvre ouvrier en redingote,
Que l'État traite en vrai bourreau,
Pour ne pas que l'on te dégote,
Trime pour ton chef de bureau.
Par son travail du ministère,
Le pauvre homme a les reins cassés :
Jamais tu n'en pourras trop faire, } *Bis.*
Tu n'en feras jamais assez !

Toi qui déjeunes sans vaisselle,
Avec du pain noir pour gâteau,
Bon moissonneur, pousse une selle
Dans la plaine ou sur le coteau.
Ton maître y trouve son affaire :
Ses terrains en sont engraissés :

Jamais tu n'en pourras trop faire, } Bis.
Tu n'en feras jamais assez !

20 décembre 1886.

A mon ami Robert Point.

UNE FIN CHRÉTIENNE

> « Un canard clérical affirme que M. Paul
> Bert a fait « une fin chrétienne » et qu'il
> est mort muni des « derniers sacrements. »
> *Cri du Peuple.*

Air : *J'avais jadis un caniche à poil ras.*

Le clérical qui, sur tout, bave et mord,
Croyant encore écraser la science,
Dit que Paul Bert, à l'heure de sa mort,
A renié son antique croyance.
A les en croire, ils l'ont « administré »
Et c'est toujours, parbleu ! la même antienne :
Calomniant Paul Bert, après Littré,
Ils dis'nt partout, d'un p'tit air pénétré :
 « Il a fait une fin chrétienne (*bis*),
  « Très chrétienne ! »

Mangins sacrés, vous vous montez le coup,
Si vous croyez qu' nous coupons dans vos bourdes.
Pitres d'autel, vous vous trompez beaucoup,
En nous prenant pour des marchands d'eau d' Lourdes.
Pour des pèl'rins vous nous prenez ici...
Vous ripostez ? Bon ! qu'à cela ne tienne !

Dans votre Enfer, au risque d'êtr' roussi,
Sans hésiter, l'on va vous dire ici
En quoi consiste « un' fin chrétienne (bis),
 « Très chrétienne! »

Près du lit d' mort du vieux libre-penseur,
Vous vous glissez, chacals de sacristie,
Et profitant d' sa faiblesse, en douceur,
Vous lui fourrez dans la bouche une hostie.
Vous murmurez un *Pater*, un *Ave*,
Vous moquant bien que cela lui convienne.
De votr' bon Dieu, quand vous l'avez gavé,
Vous dit's tout bas : « Maint'nant, tu peux crever! »
Voilà c' que c'est qu' « un' fin chrétienne (bis),
 « Très chrétienne! »

22 décembre 1886.

A mon ami Gil-Naza.

LES VIDANGEURS[1]

(Chanson de noctambule.)

C' que j' rag', quand faut qu' je m' dérange,
En rentrant chez moi, le soir,
Pour éviter la vidange
Qui fonctionn' sur mon trottoir!

La voiri', ça m'indispose;
J' peux pas sentir son odeur...
J'en parl', c'est parc' que j'en cause...
Pour quoi faire, un vidangeur?

[1]. Meuriot, éditeur, 25, boulevard de Strasbourg, Paris.

Avec leur nouveau système,
I's pomp'nt ça dans un instant;
C'est vrai, mais ça pu' tout d' même,
Et puis, c' que c'est encombrant!

Voyez-vous, quoi qu'on en dise,
La vidange, à quoi qu' c'est bon?
Pour enl'ver la marchandise,
Y' a rien d' tel qu'un bon cochon.

Ouvrier d'humeur active,
I' n'a ni pomp's ni tonneaux;
Pas besoin d' locomotive.
D'équipage à quatr' chevaux.

Pas d' bureaux, ru' du Hanovre;
I' n' fait pas ça pour l'argent;
C'est le vidangeur du pauvre,
L' serviteur de l'indigent.

Vidangeurs, soyez modestes,
D' vot' métier soyez moins pleins!
Parce qu'i's viv'nt de nos restes,
I's ont l'air d' fair' les malins!

Parc' que, là-d'dans, ça trifouille,
Ça vous a des airs de paons!
Ben, moi, j' dis qu' c'est d' la fripouille
Qui s'engraisse à nos dépens!

24 décembre 1886.

A mon ami Jean Richepin.

LE RÉVEILLON DES GUEUX

Air : *Digue, digue, digue, diguediguedon.*

(Cloches de Corneville)

Dans Paris glacé, les cloches des églises
Sonnent, à minuit, la chanson de Noël,
Et les vagabonds, sans pain et sans chemises,
S'en vont, grelottant et maudissant le ciel.
Blême et muselant l'appétit qui l'assiège,
Le rôdeur se dit qu'il n'ira plus bien loin,
Et, loin des sergots, s'étendant sur la neige,
Comme un chien galeux va crever dans un coin. (*bis*)

    Digue, digue, digue, diguediguedon,
    Sonne, sonne, sonne, joyeux carillon !
    Digue, digue, digue, diguediguedon,
       Sonne l'heure du Réveillon !
    Digue, digue, digue, digue,
       Etc., etc.

Les fils de famille et les filles de joie,
Les maigres viveurs et les bourgeois tout ronds,
Près d'un clair foyer s'en vont manger de l'oie :
Le Peuple, pour eux, a tiré les marrons.
L'on boit, l'on s'empiffre, et l'on bat la campagne,
Les catins en rut dépouillent les *michés*,
Et le cliquetis des verres de champagne
Répond en sourdine à l'hymne des clochers. (*bis*)

Digue, digue, digue, diguediguedon,
Sonne, sonne, sonne, joyeux carillon !
Digue, digue, digue, diguediguedon,
Sonne l'heure du Réveillon !
Digue, digue, digue, digue,
Etc., etc.

Gros bourgeois repus, nocez, faites ripaille !
Nous, les meurt-de-faim, nous nous réveillerons !
Près d'un clair foyer, rôdeurs sans sou ni maille,
Nous viendrons un jour pour manger les marrons !
Oui, les vagabonds sans pain et sans chemises,
Viendront démolir vos Noëls et vos dieux !
Et vous entendrez les cloches des églises
Sonner, à minuit, le réveillon des gueux ! (bis)

Digue, digue, digue, diguediguedon,
Sonne, sonne, sonne, joyeux carillon !
Digue, digue, digue, diguediguedon,
Sonne l'heure du Réveillon !
Digue, digue, digue, digue,
Etc., etc.

20 décembre 1886.

A mon ami Mermeix.

LE DÉLUGE UNIVERSEL [1]
(A propos des inondés du Midi.)

Air : *Faut la faire arracher.*

Dieu s' dit : « V'là trop longtemps
Qu' les homm's sont dégoûtants.

---

[1]. Maillard, éditeur, 29 bis, rue du Château-d'Eau, Paris.

Aux habitants d' la terre,
Un bain s'rait salutaire.
Pour mieux les nettoyer,
Je m'en vas les noyer. »

Air : *Le Postillon de Cupidon.*

Un ou deux mois avant
Que n'éclatât l'orage,
Un ange, se sauvant
De la céleste cage,
A Noé, vieux soulaud,
Portait un court message,
Disant : « Mon gros poulot,
Gar' l'eau ! Gar' l'eau ! »

Tout en poursuivant son chemin
L'ange chantonnait ce refrain :
« Je suis le rapide facteur,
Le rapide facteur du Créateur » } *Bis.*

Air : *Maman, les p'tits bateaux.*

Apercevant Noé,
A la lueur des étoiles,
L'ange crie : « Évohé !
Ohé ! ohé ! ohé !
Il faut faire presto
Un grand bateau
Avec des voiles !
Pour longtemps l' ciel est noir ;
Matin et soir,
Il va pleuvoir. »

Air : *La Femme à barbe.*

Après le départ du facteur,
Afin d'échapper à l'orage,
Et s'improvisant armateur,
Noé s' mit tout d' suite à l'ouvrage.
Il travaillait si rapid'ment
Qu'au bout d' trois jours, un bâtiment,
Avec son hélice et sa flèche,
Se balançait sur la terr' sèche.
« Entrez, cochons, vaches, chameaux! »
Cria l' vieillard aux animaux ;
« I' n' faut pas qu' vot' espèce' se perde ;
Au délug' nous allons dir' : Zut !
Au délug' nous allons dir' : Zu, u, te! »

Air : *Il pleut, il pleut, bergère.*

Alors, comme une bombe,
Du ciel, sans plus tarder,
Sur la terre, l'eau tombe
Et vient tout inonder.
De fuir, chacun s'empresse ;
On quitte les séjours :
Il pleut, il pleut sans cesse,
Pendant quarante jours.

Air : *Derrière l'omnibus.*

Bourg, cités, hameaux et campagnes,
L'orage vient tout inonder.
Filles, fils, maris et compagnes,
S'empress'nt de fuir, sans plus tarder.

Sur les pics des hautes montagnes,
Et fourmillant comme les blés,
Des êtres sont assemblés,
Avec des airs désolés.

Au bon Noé, rouge et replet,
Tralalalala, tralalalala !
On crie : « Arrêtez, s'il vous plaît ! »
Tralalala !
Mais il leur répond : « C'est complet ! »
Tralalalala ! »

Air : *I' n'a pas d' parapluie.*

Coqs, moutons, ânes et vaches,
En chœur, sur le pont rangés,
Chant'nt, avec des airs bravaches
Ce refrain aux naufragés :

« Ils n'ont pas d'parapluie !
Ça va bien quand il fait beau ;
Mais quand il tomb' de la pluie,
Ils sont trempés jusqu'aux os ! »

27 décembre 1886.

A MON AMI GEORGES FRAGEROLLE.

LES AVEUX [1]
Conseil aux condamnés à mort.

Air : *Le Bureau de placement.*

Au moment d'êtr' guillotiné,
Un jeune et pauvre condamné,

[1]. Maillard, 20 *bis*, éditeur, rue du Château-d'Eau, Paris.

Au jug' fait, pleurant comme un veau,
    L'aveu d'un crim' nouveau.

Deux mois après, quel triste sort !
Un lundi, vers deux heur's précises,
I' r'paraît d'vant la cour d'assises ;
Le jury le r'condamne à mort.

Quéqu' jours avant l'exécution,
I' r'demand' le jug' d'instruction,
Et lui fait, pleurant comme un veau,
    L'aveu d'un crim' nouveau.

Deux mois après, quel triste sort !
Un mardi, vers deux heur's précises,
I' r'paraît d'vant la cour d'assises,
Le jury le r'condamne à mort.

Quéqu's jours avant l'exécution,
I' r'demande le jug' d'instruction,
Et lui fait, pleurant comme un veau,
    L'aveu d'un crim' nouveau.

Deux mois après, quel triste sort !
Un jeudi, vers deux heur's précises,
I' r'paraît d'vant la cour d'assises ;
Le jury le r'condamne à mort.

Qué'qu's jours avant l'exécution,
I' r'demand' le jug' d'instruction,
Et lui fait, pleurant comme un veau,
    L'aveu d'un crim' nouveau,

Deux mois après, quel triste sort !
Un sam'di, vers deux heur's précises,
I' r'paraît d'vant la cour d'assises ;
Le jury le r'condamne à mort.

Bref, au lieu d'êtr' guillotiné,
Le jeune et pauvre condamné
Mourut d'un simpl' refroidiss'ment
  A l'âg' de cent un ans.

8 décembre 1886.

A MON AMI CHARLES AUBERT.

LE CZAR S'AMUSE

Air : *Bouton de rose.*

Le czar s'amuse ;
Dans l'histoire, ça n'est pas neuf :
Il imite, et c'est son excuse,
Notre si bon roi Charles Neuf ;
 Le czar s'amuse. (*bis*)

Le czar s'amuse ;
Armé d'élégants revolvers,
Sur ses sujets, blancs de céruse,
Il tire à tort et à travers ;
 Le czar s'amuse. (*bis*)

Le czar s'amuse ;
Pour fuir les ombres des martyrs,
Revenants à face camuse,
Tous ses gens lui servent de tirs ;
 Le czar s'amuse. (*bis*)

Le czar s'amuse ;
Ça fait deux qu'il occi', je crois ;
Quand nous serons (h' as! tout s'use!)
A dix, nous ferons une croix ;
Le czar s'amuse. (*bis*)

Le czar s'amuse ;
Le meurtre, en haut, change de nom ;
L'échafaud, à lui, se refuse ;
Gamahut chourine, dit-on ;
Le czar s'amuse. (*bis*)

Le czar s'amuse ;
Justice d'en bas, tu l'attends !
S'il pense, en sa cervell' confuse,
Qu' ça va durer encor longtemps,
Le czar s'abuse. (*bis*)

29 décembre 1886.

A MON AMI ANTOINE, DIRECTEUR DU *Théâtre-Libre*.

LE POCHARD ET LES SAINTS [1]

Tiens, tiens, v'là les tours Notre-Dame !
Qu'é' qu'és ont à m' barrer l' chemin ?
Malgré c' que va penser ma femme,
Ma foi, tant pis, j' rentrerai d'main.
Arrêter l' mond', c'est des sal's niches !
R'luquez-moi donc tous ces nabots !
Parbleu ! c'est les saints, dans leurs niches !
Sortez donc d' vos boît's, hé ! cabots !

[1]. Patay, éditeur, 79, passage Brady, Paris.

C'lui-là qu'a les clefs, c'est saint Pierre,
L' fameux portier du Paradis.
J'y offrirais bien d' prendre un verre,
Mais voilà, j'ai p'us un radis,
Il est endormi, l' vieux concierge :
J'ai beau crier : « Cordon ! s'ous plaît ! »
I' rest' là, planté comme un cierge !
Sors donc d' ta loge, eh ! sal' pip'let !

Et c't aut', là-bas, qu'est en extase...
J'ai beau le r'luquer, j' le r'mets pas.
Tiens, tiens, tiens, qu'é' qu' c'est donc que c' vase ?
J' te r'connais ; c'est toi qu'es Thomas.
Et c' troisième, on dirait qu'i' sacre,
Tell'ment il prend un air grognon.
J' parie un litr' que c'est saint Fiacre...
Sors donc d' ton siège, eh ! Collignon !

Et c't' autr' qu'ébouriff' sa tignasse,
Qu' est coiffé comme un' botte de foin,
Pour sûr, ça doit êtr' saint Ignace,
L' patron du perruquier du coin.
Et c' cinquième, à la min' pleurarde,
Qu' est planté là comme un badaud...
C'est saint Médard ! Tiens ! i' me r'garde !
Sors donc d' ta turne, eh ! porteur d'eau !

Tiens ! qu'est-c' que c'est donc que c' gros moine
Qui rigol' sous son capuchon ?...
J' suis bêt' ; c'est le fameux saint Antoine ;
Je le r'connais à son cochon !

Et c' vieux mendigo qui s' délabre ?
Pour sûr, il ignor' l'emploi d' l'eau !
Ça doit êtr' ce pouilleux d' saint Labre.
Va donc prendre un bain, eh ! salop!

30 décembre 1886.

À MON AMI LASSALLE, DE L'*Opéra*.

LES SAISONS DE LA RÉPUBLIQUE

Air des *Pins* (de Pierre Dupont).

En mil sept cent quatre-vingt-neuf,
Enfin réunie en famille,
La France vit un drapeau neuf
Flotter aux murs de la Bastille.
Sur les débris du noir château,
Vieux repaire de la souffrance,
Le peuple mit un écriteau
Portant ces mots : « Ici l'on danse. »

C'est là qu'au soleil de l'été,
Naquit, sur la place publique,
D'une brise de liberté (*bis*)
Le printemps de la République.

Elle n'eut, hélas! qu'un printemps!
Victime de mille traverses,
Elle a subi, depuis cent ans,
Deux éclipses, maintes averses.
Mais, de nos jours, un sang vermeil
Anime son torse robuste;

1. Meuriot, éditeur, 25, boulevard de Strasbourg, Paris.

PAGINATION DECALEE

Mais, mon fils (singulier problème !)
C'est moi qui le suis, par saint Jean !
Ah ! qu'il est beau ! (*bis*) d'être... suprême ! (*bis*)
Mais que c'est un sort exigeant ! (*bis*)

4 janvier 1887.

A MON AMI GUSTAVE COQUELIN.

LA MORT DU TRAITRE[1]

> « C'est aujourd'hui que les victimes de Tolain, condamnées pour l'affaire du Tivoli Waux-Hall, entrent en prison. »
> *Cri du Peuple.*

Quand meurt un traître à son idée,
L'on doit insulter son cercueil ;
Car la honte, qu'il a vidée,
Reste seule à porter son deuil.
Pourriture sans cimetière,
Et dédaigné par le corbeau,
Dans la nature tout entière,
Il ne trouve pas un tombeau.

Squelette errant dans l'autre monde,
Rejeté par la terre et l'onde,
Le Judas, traître à ses drapeaux,
Cherche en vain l'éternel repos.

Sous le ciel, crachant la tempête,
Il entre, morne cauchemar,
Dans la ville des corps sans tête,
Au cimetière de Clamart.
Soudain éclate le tonnerre ;
Sur le champ clos un éclair luit :

---

1. Mouriot, éditeur, 25, boulevard de Strasbourg, Paris.

Prévost, Troppmann et Lacenaire
Chassent le félon, dans la nuit.

Squelette errant dans l'autre monde, etc.

Sombre Juif-Errant d'outre-tombe,
Il va, plein d'horreur et d'ennui.
En marchant, dans un fleuve il tombe,
Et l'eau se referme sur lui.
Mais l'eau, qui, sans broncher, supporte
Les carcasses des chiens noyés,
Pour vomir cette bête morte,
Redresse au ciel ses flots souillés.

Squelette errant dans l'autre monde, etc.

Le traître rugit : « Cieux infâmes!
Du moins, il me reste l'Enfer!
Je serai, brûlant dans les flammes,
Le favori de Lucifer! »
Mais, entouré de son escorte,
Lucifer, de son doigt roussi,
Lui montre ces mots, sur la porte :
« Les traîtres n'entrent pas ici! »

Squelette errant dans l'autre monde, etc.

5 janvier 1887.

A MON AMI ALFRED LE PETIT.

« ÇA! »

Votre coupé, marquise, hier, éclaboussa
Gavroche, qui blessa vos gens d'un trait cynique.

Vous, tendant comme un arc votre bouche ironique,
Laissâtes tomber un : « Qu'est-ce que c'est que ça? »

« Ça »? marquise? C'est le gamin qu'Hugo traça,
D'une plume inflexible et plaisamment épique.
« Ça » vibre d'un esprit qui flagelle et qui pique,
Sous sa lourde livrée atteignant le poussah.

« Ça » suit les régiments passant dans les faubourgs,
Rythmant sa marche allègre au fracas des tambours,
Nez au vent, attentif au signal des cymbales;

Insurgé, « ça » tient tête à de vieux généraux;
« Ça » crie effrontément à l'ouragan des balles :
« Merde! » comme Cambronne, et « ça » meurt en héros!

6 janvier 1887.

A MON AMI HENRI PILLE.

LE JOUR DES ROIS

Air : *Mon père était pot.*

Aujourd'hui, messieurs les patrons,
   Sans souci de la grève,
Chez eux découp'nt des gâteaux ronds,
   Pour y chercher la fève.
     Pendant qu'au premier,
     L' marchand et l' rentier,
Bruyamment font la fête,
     Blême, sous les toits,
     Pour tirer les rois,
Le peupl' n'a pas d' galette.

Dans son taudis, l'humble employé
   Sortant d' son ministère,
Termine, sur sa chais' ployé,
   L'ouvrag' supplémentaire.
      Le vieil ouvrier,
      En quêt' d'atelier,
S' mang' les sangs, s' creus' la tête :
      Dans ses log'ments froids,
      Pour tirer les rois,
Le peupl' n'a pas d' galette.

Entouré d' ses goss's, le mineur,
   Grelottant dans son antre,
En attendant « l' droit au bonheur »,
   D'vant l'buffet s' serr' le ventre.
      Dans l' poste aux sergots,
      L' rôdeur, en lambeaux,
Va d'mander qu'on l'arrête.
      Soufflant dans ses doigts,
      Pour tirer les rois,
Le peupl' n'a pas d' galette.

Au nom de la Révolution,
   O peuples que l'on berne !
Renversez l'Exploitation,
   Le Temple et la Caserne !
      Par Bérézowski,
      Louvel et Fieschi,
Levez enfin la tête !
      Jacqu's, si tu m'en crois,

Pour tirer les rois,
Y' a pas besoin d' galette !

7 janvier 1887.

A MON AMI COQUELIN CADET.

LA NEIGE

Chanson de va-nu-pieds.

> « C'est la neige,
> Au blanc cortège. »
> CHANSON.

C' qui m' fait rigoler c' s'rin de poète,
Avec son bout d'alexandrin !
Vanter la neige ! Faut-i êtr' bête !
Pourquoi pas Cartouche et Mandrin ?

S'i' la gob', qu'i' s'en paye un' tranche !
Qu'i' crach' pas su' les gazons verts !
Ça lui suffit pas qu'a soy' blanche ;
Fant encor qu'i' la mette en vers !

Vanter la neig', c'te bêt' féroce !
Nous somm's pas dans l' pays des ours !
C'est gentil, j' dis pas, mais c'est rosse ;
Comm' la femm', ça fait patt' de velours.

Su' le moment, ça vous a bonn' mine ;
C'est frais, c'est pimpant, c'est rupin ;
Qué'qu' temps après, la blanche hermine
S' transforme en vulgair' peau d' lapin.

Ça coul' comme un' vrai' pourriture
Dans les doigts d' pied d' tous les passants ;
Ça r'ssemble à d' la littérature
De messieurs les déliquescents.

La neig', c'est bon pour les gens riches
Qui se chauff'nt chez eux, quand a fond ;
Mais c'est trist', pour les pauvr's sans niches
A qui l' ciel noir sert de plafond.

A mon tour, pour ne pas qu'a s' perde,
J' vas vous donner mon opinion
Sur la neige : On dirait d' la merde
Qui fait sa premièr' communion.

6 janvier 1887.

A mon ami Sapeck [1].

A LA CLOCHE DE BOIS
Chant du départ des volontaires.
Air du *Chant du départ.*

LES HOMMES

Nos femmes, en chantant, nous ouvrent la fenêtre.
 Tous nos complices sont en bas.
Amis, dépêchons-nous ! Bientôt le jour va naître !
 Vite ! envoyons les matelas !
 Puis nous descendrons la commode,
 Doucement, sans la laisser choir ;
 Cela nous sera très commode :
 Comme dans un four il fait noir.

---

[1]. Meuriot, éditeur, 25, boulevard de Strasbourg, Paris.

Devant les portiers tenons ferme,
Dussions-nous leur tanner le cuir !
Un Français qui doit plus d'un terme, ⎫
Nuitamment, doit savoir s'enfuir ! ⎬ Bis.

LES GOSSES

Suivons, de nos aînés, les conseils de vaillance ;
Sans bruit, sortons de nos berceaux.
Remplissons jusqu'aux bords les vases de faïence ;
Faisons pipi dans les vieux seaux.
Semons, tout partout, dans la chambre,
Les éléments du choléra ;
Et ça ne sentira pas l'ambre
Quand le concierge y rentrera !

Devant les portiers, etc., etc.

LES VIEILLARDS

Écoutez, des aïeux, l'avis plein de prudence :
Que vos pieds, armés de chaussons,
Sur l'escalier criard se posent en cadence,
Et, muets comme des poissons,
Descendez dans la nuit obscure.
Si Pipelet, sombre, a guetté,
Ne lui tapez sur la figure
Qu'à la dernière extrémité !

Devant les portiers, etc., etc.

LES FEMMES

Emballons prestement notre petit ménage ;
Vidons bien tout l'appartement !

A la cloche de bois lorsque l'on déménage,
    On n'a pas de ménagement.
Enlevons jusqu'aux vieilles chaises,
Au nez des huissiers détrousseurs
Et ne laissons que les punaises,
    Pour embêter nos successeurs !

Devant les portiers, etc., etc.

9 janvier 1887.

A MON AMI GEORGES AURIOL.

LE PORTIER DE L'OBÉLISQUE

Air du Roi d'Yvetot.

Dans l'obélisque de Louqsor,
    Quand, sans crainte, on se risque,
On trouve, au fond d'un corridor,
    Le portier d' l'obélisque.
A toute heure, dans l'escalier,
On l' rencontre, en train d' balayer
            L' palier.
Oh ! oh ! oh ! oh ! ah ! ah ! ah ! ah !
Quel bon petit portier c'est là !
            La, la !

Pour les locatair's du premier,
    Comm' pour ceux du sixième ;
Pour l'entresol, pour le grenier,
    Sa douceur est la même.
Avec des airs intelligents,
Il entour' de soins obligeants

Les gens.
Oh! oh! oh! oh! ah! ah! ah! ah!
Quel bon petit portier c'est là!
La, la!

Quand le facteur vient apporter
　Une carte postale,
Sans la lire, pour la porter,
　Comme un cerf il dévale.
Se moquant bien des tribunaux,
Jamais il ne parcoure nos
　　Journaux.
Oh! oh! oh! oh! ah! ah! ah! ah!
Quel bon petit portier c'est là!
La, la!

Lorsque, d'un p'tit air interdit,
　Chez vous mont'nt les fillettes,
Indulgent aux amours, il dit
　Toujours que vous y êtes;
En revanche, à grands coups de pieds,
Il met dehors les créanciers,
　　Huissiers.
Oh! oh! oh! oh! ah! ah! ah! ah!
Quel bon petit portier c'est là!
La, la!

Malgré qu'il soit très vigilant;
　Se donne mille peines,
Jamais, au premier jour de l'an,
　Il n'accepte d'étrennes.

Bien plus, le huit du mois d'janvier,
Il ne vient pas se fair' payer
L' loyer.
Oh! oh! oh! oh! ah! ah! ah! ah!
Quel bon petit portier c'est là!
La, la!

10 janvier 1887.

A mon ami Henri d'Arsay.

LA MÉLINITE

Air : Ça vous coup' la gueule à quinze pas.

I' faut le r'connaître, un' jolie invention
   C'est celle de la mélinite.
Ça fait honneur à la civilisation,
   D' produir' des matièr's de c' mérite.
   C'est joli, ça r'ssemble à du miel ;
Mais ça fait sauter vingt maisons jusqu'au ciel.
   Un simple choc, et patatras!
   Ça vous coup' la gueule à quinz' pas!

Nous avions déjà découvert la nitro-
   Glycérine et la dynamite;
L' Prussien, sentant v'nir la guerre au petit trot,
   Inventa la douc' panclastite.
   Monstres, prenez pas c't air rupin,
Car la mélinit' c'est le coup du lapin;
   Réunis, vous n' la valez pas :
   Ça vous coup' la gueule à quinz' pas!

Chauvins d'outre-Seine et soudards d'outre-Rhin,
  En dépit de vos airs terribles,
Les peupl's couvriront, de leurs grand's voix d'airain,
  Le bruit d' vos matièr's explosibles.
    Gar'! si nous nous en emparons,
  Un jour, contre vous, nous nous en servirons.
    C'est drôl' que vous n' le sentiez pas :
    Ça vous coup' la gueul' à quinze pas !

11 janvier 1887.

A MON AMI LUCIEN-VICTOR MEUNIER.

LA RENTRÉE DES CHAMBRES

Air : *La diguediguedon.*

Aujourd'hui, Palais-Bourbon,
Ladiguediguedigu', ladiguediguedon,
Les r'présentants d' la nation,
Ladiguediguedigu', ladiguediguedon,
  (Pour le pays quelle étrenne!)
    Labriguedondaine,
  Vont tous revenir s'asseoir,
    Jusqu'au soir (*bis*).

De cette important' session,
Ladiguediguedigu', ladiguediguedon,
J'vais vous fair' la description,
Ladiguediguedigu' ladiguediguedon :
  Les députés, par centaine,
    Labriguedondaine,
  D'mand'ront, comm' des enragés,
    Des congés (*bis*).

I' y'en a qui parleront,
Ladiguediguedigu' ladiguediguedon,
I' y'en a qui se tairont,
Ladiguediguedigu', ladigue diguedon ;
Mais qu' la Chambr' dorme ou s' démène,
Labriguedondaine,
L' résultat, on l' connaît bien :
Total : Rien ! (*bis*)

Et ce s'ra, peuple, mon bon,
Ladiguediguedigu', ladiguediguedon,
Toujours la même chanson,
Ladiguediguedigu', ladiguediguedon ;
A moins, que prenant la rêne,
Labriguedondaine,
Tu n'envoi's voter ailleurs
Ces blagueurs ! (*bis*)

12 janvier 1887.

A MON AMI OGIER D'IVRY [1].

FRAGMENT D'OPÉRA... FUTUR

L'AIR............	Mlle Bosman.
LA TERRE........	Mlle Richard.
L'EAU............	Mlle Krauss.
LE FEU..........	Mlle Dufrane.
LE MONDE........	M. Lassalle.

L'AIR

Ouf ! ce lâche bandit se décide à mourir !

LA TERRE

Qu'on laisse, hors de moi, son cadavre pourrir :
La Terre ne doit pas servir de sépulture

1. Benoît, éditeur, 13, faubourg Saint-Martin, Paris.

Au monstre, enfin crevé, qu'a vomi la Nature.
En cachette enfouis, ses membres dégoûtants
Chasseraient le soleil, les fleurs et le printemps.
On verrait fuir les prés, les champs et les vignobles
Du sol stérilisé par ses restes ignobles.
Qu'on l'inhume, pour voir ! Aussitôt enterré,
Prise d'un tremblement, je le rejetterai.

L'EAU

Pour moi, je subirais plutôt le suicide
D'un curé débaucheur d'enfants, d'un parricide,
Que le corps refroidi de ce coupe-jarret :
Précipité dans l'onde, il l'empoisonnerait.
De nous prostituer que l'on tente l'épreuve !
Et cascade, torrent, lac, mer, rivière ou fleuve,
Je ne serai pas longue à cracher le brigand,
Dans un universel et suprême ouragan.

LE FEU

Et moi je ne veux pas non plus de ce cadavre.
Qu'il cherche, au fond du monde, un noir refuge, un havre,
Une fosse d'aisance, où se putréfier.
La flamme y passerait sans le purifier,
Sans pouvoir assainir cette charogne obscène.

LE MONDE

Mais enfin, de qui donc parlez-vous ?

L'AIR, LA TERRE, L'EAU, LE FEU

De Bazaine.

13 janvier 1887.

A mon ami Édouard Maugé.

LES DEUX ÉCHAFAUDS

> « ... Aussi, dès minuit, une foule énorme avait envahi la place, qui était gardée par huit brigades de gendarmerie et une compagnie du 58ᵉ de ligne. »
> Exécution de Ginoux.

Autrefois, l'échafaud, ministre
D'un grandiose châtiment,
Dessinait sa forme sinistre
Sur l'horizon clair, hardiment.

Alors l'instrument de supplice,
En quelque populeux séjour,
Prenant le soleil pour complice,
Coupait les têtes en plein jour.

Bien avant que ne retentisse
L'heure, guetteuse du couteau,
On dressait les bois de justice,
A sonores coups de marteau.

La guillotine, sombre et haute,
D'une mer d'hommes surgissait.
Noir géant, le bourreau, son hôte,
Sous le grand ciel bleu s'y dressait.

Arboré comme un âpre emblème,
Élevé, son plancher fatal
Faisait au supplicié blême
Une sorte de piédestal.

Serviteur de la guillotine,
Du couteau le lugubre son
Retentissait; chaque poitrine
Frissonnait du même frisson.

Puis, la « justice satisfaite »,
Dans l'espace, plein de rumeurs,
Le bourreau promenait la tête
Poussant de muettes clameurs.

. . . .

Mais aujourd'hui l'échafaud tremble,
Tapi dans quelque endroit perdu.
Tout prêt à s'enfouir, il semble
Frissonner du sang répandu.

Prenant pour aide le mystère,
Il a peur des grands horizons
Et décapite contre terre,
Entre deux portes de prisons.

Dans son fourreau de bois, le glaive
Emmaillotté, semble avoir peur
Des cieux où le Matin se lève
Et guillotine à la vapeur.

Eh! messieurs, pardon, et l' « exemple
Salutaire » qu'en faites-vous?
La Justice est laide, en son temple
Coupant les têtes — à genoux.

Gais tueurs aux âmes sensibles,
Le dilemme est clair et parfait:

Faites des éci.afauds terribles,
Ou supprimez-les tout à fait.

15 janvier 1887.

A MON AMI ÉTIENNE CARJAT.

LES FUNÉRAILLES DE PAUL BERT

Racontées par Jules Ferry

Air de *l'Enterrement*.

Je reviens de l'enterrement
De notre pauvre résident,
Qui fut la gloire du parti
Et qui, pour toujours, est parti !
Il faisait un petit brouillard ;
Tous, derrière le corbillard.
Les députés, les sénateurs,
Suivaient, en versant mille pleurs.

Et moi je sanglotais itou,
Troulalaïtou, troulalaïtou !
Je sentais s'enfuir ma raison,
Et zon, zon, zon !
De pleurs j'étais tout inondé,
Gai, gai, gai ! Lariradondé !
Comme au convoi d' Gambetta.
Larifla, fla, fla !

« I' y'a de la neige dans l'air ! »
Me disait tristement Spuller.

« On devrait semer du gravier! »
Ajoutait Maurice Rouvier.
Soudain, m'abordant, d'un air franc :
« — Mon pauvre Jules », me dit Ranc,
« Nous ne trouverons pas souvent
Des gaillards comme ce savant! »

— Pour sûr, on peut chercher partout,
Troulalaïtou, troulalaïtou!
Fouiller tout le Palais-Bourbon,
  Et zon, zon, zon!
Malin, prudent et décidé,
Gai, gai, gai! Lariradondé!
Y' en a plus comm' celui-là!
  Larifla, fla, fla! »

Une fois au champ de repos,
Le cercueil, couvert de drapeaux,
Dans la fosse fut descendu,
Et moi j'avais le cœur fendu.
Le bruit des cordes sur le bois
Mettait les âmes aux abois.
Tout le monde se laissait choir
Et sanglotait dans son mouchoir.

Quand la bière fut au fond du...
Troulalaïtou, troulalaïtou!
Chacun brailla son oraison
  Et zon, zon, zon !
Et quand tout le mond' fut vidé,
Gai, gai, gai! Lariradondé!

Du cim'tière on s'en alla,
　　Larifla, fla, fla !

Le mort étant dans son caveau,
On s'en alla manger du veau.
Causant des vivants et des morts,
Chacun s'empiffrait, sans remords.
Puis, au café, l'on fut s'asseoir
Et l'on y resta jusqu'au soir ;
Si bien qu'en reprenant le train,
Tout le monde avait son p'tit grain.

Tout le monde avait bu comme un...
Troulalaïtou, troulalaïtou !
　　L' Parlement avait son pompom,
　　　　Et zon, zon, zon !
　　Quand c' pauvr' Bihourd s'ra décédé,
　　Gai, gai, gai ! Lariradondé !
　　　Faudra l'enterrer comm' ça,
　　　　Larifla, fla, fla !

17 janvier 1887.

A MON AMI LORRAIN, DE L'*Opéra*.

LES PAINS

Air *des Pins* (de Pierre Dupont).

Dans la rue où souffle l'hiver,
La nuit, en passant, je me hâte,
Quand le geindre, nu comme un ver,
Dans son fournil, brasse la pâte :
Derrière la chanson du pain,
Je perçois la plainte émouvante

Des sans-croûtes, quand ils ont faim,
Et des sans-taudis, lorsqu'il vente !
Quand l' mitron, dans les pains, gémit,
Dans le lointain, je crois entendre
Un peuple affamé qui frémit ;
Mon âme tressaille à ce bruit ;
Je n'ai jamais pu m'en défendre !

Sinistre, sans jamais s'asseoir,
Fuyant les sergots en maraude,
Le vagabond, sur le trottoir,
Comme un voleur, dans l'ombre rôde ;
Christ sans haine pour ses bourreaux,
Il s'arrête, ouvrant la narine,
Devant les larges soupiraux
D'où monte une odeur de farine.
   Quant l' mitron, dans les pains, gémit,
         Etc., etc.

Gourmands, au ventre satisfait,
Qui vous croyez invulnérables,
Bourgeois, votre bonheur est fait
De la douceur des misérables.
Patience ! Ils seront vengés :
Au lointain, déjà, le jour gronde
Où, dans les fours des boulangers,
Le pain cuira pour tout le monde !
   Quand l' mitron, dans les pains, gémit,
         Etc., etc.

18 janvier 1887.

A mon ami Daubray.

LA PORTE SAINT-DENIS

La Port' Saint-Denis, que l'on r' décore,
S' cach' derrière un tas d' madriers.
Dans cent ans, ils y s'ront encore,
Du train dont vont les ouvriers.
Si d' se presser on n' les commande,
Jamais les travaux n' s'ront finis
Et d' tous les côtés l'on s' demande
Quand on r'verra la Port' Saint-D'nis.

Les candidats, dans leurs affiches,
Trait'nt le peupl' de frère et d' copain.
En parol's ils sont toujours riches,
Et nous promtt'nt plus d' beurr' que de pain.
Ils s' figur'nt à tort qu'i's nous l'mettent,
Car tout l' mond' sait bien dans Paris,
Qu'ils tiendront ce qu'ils nous promettent...
Quand on r'verra la Port' Saint-D'nis.

Grévy préfèr', c'est manifeste,
Son Élysée au Panthéon.
Sa devise est : « J'y suis, j'y reste ! »
N'en déplaise au pèr' Mac-Mahon.
Pour trouver quelqu'un qui l' remplace,
On peut bien fouiller tout l'pays :
Le brave homme lâch'ra sa place...
Quand on r'verra la Port' Saint-D'nis.

Le Bismarck ne nous trompe guère,
Vantant la paix et ses appas;
Dans l' fond, on sait qu'il veut la guerre;
Mais le peuple all'mand n' la veut pas.
L' chancelier voudrait sans vergogne,
Nous traiter encore en enn'mis;
Moi j'dis qu'il aura la Bourgogne...
Quand on r'verra la Port' Saint-D'nis.

Jul's Ferry, ce gredin sinistre,
Au Palais-Bourbon, avant-hier,
A dit : « Je n' veux plus êtr' ministre,
J'ai des r'mords, quand j'pense à Paul Bert.
Je m' suis dit : l' faut qu' tu l'imites !
Retenez tous ce que j' vous dis :
J' m'en irai chez les Annamites...
Quand on r'verra la Port' Saint-D'nis !

19 janvier 1887.

A MON AMI COQUELIN AINÉ.

UNE PREMIÈRE AU THÉATRE-FRANÇAIS

O peuple ! laisse-moi te décrire dans ces
    Quatrains, sans être hostile,
L'aspect d'une première au Théâtre-Français,
    Ce temple du haut style.

Les fameux six coups du régisseur souverain
    N'ont pas frappé la scène
Où Molière assourdit le faubourg Saint-Germain
    De son langage obscène.

Un calme solennel règne de bas en haut.
    La foule, curieuse,
S'examine et l'on entendrait chanter Théo
    Dans la salle anxieuse.

Dans sa loge, entouré de gilets très ouverts,
    Le patron, Claretie,
Cache son regard droit et son nez de travers,
    D'un air de modestie.

Voyez : qui donc, là-bas, d'un pied majestueux,
    Opère son entrée?
Eh! c'est Vitu! Voici son front dur, son œil creux.
    Sa moustache cirée.

Voici Monselet, gras, le teint rosé, les yeux
    Brillants sous les bésicles.
Il rumine sans doute, en son esprit joyeux,
    Le plus gai des articles.

La Pommeraye, avec ses longs cheveux tombant
    (Ainsi pleurent les saules)
Exhibe au public du théâtre de Maubant
    L'aspect d'un fils des Gaules.

Insensibles aux regards de l'Amour, dieu galant,
    Banville, barde illustre,
Abandonne aux lorgneurs son crâne, rutilant
    Sous les flammes du lustre.

Sarcey, dont les arrêts sont toujours sans appel,
    Montre, de ses oreilles,

Aux dévotes, braquant sur lui leur œil cruel,
    Les largeurs sans pareilles.

Mais, chut ! Interrompons ici ce frêle écrit
    Car la toile se lève
Et les comédiens vont hausser notre esprit
    Jusqu'au pays du rêve.

20 janvier 1887.

A MON AMI PAUL ALEXIS.

SU' LA BUTTE

Air : *A Montmartre !*

Depuis qu' d'un temple on l'a chargé,
Not' vieux Montmartre est bien changé,
Grâce aux travaux qu'on exécute
    Su' la Butte.

Autrefois, des mains et des pieds,
Fallait grimper sans escaliers.
On s'embêtait pas un' minute
    Su' la Butte.

Quand je m'promène en haut pour voir,
En riant je m' souviens d'avoir
Déchiré ma premièr' culbute
    Su' la Butte.

C'est que j' la connais dans les coins ;
Ses sentiers, d' mes jeux fur'nt témoins.
Avec les fill' on f'sait la lutte
    Su' la Butte.

Parmi les gru's à faux chignons
Qu'habit'nt des hôtels à pignons,
l' y'en a plus d'un' qui débute
   Su' la Butte.

Pour ma part, j' connais un' catin
Qui d'meure au s'cond, Chaussé'-d'Antin,
Et qui, jadis, f'sait la culbute
   Su' la Butte.

De l'atelier fuyant l' tintoin,
Du côté qui r'garde Saint-Ouen,
On valsait, au son de la flûte,
   Su' la Butte.

Aujourd'hui, dans l' bal du Moulin,
L' calicot va fair' le malin.
On n' dans' plus maint'nant, on chahute
   Su' la Butte.

Bien que l' pays soit transformé,
Du peuple il est toujours aimé.
Je n' crois pas qu' personn' me réfute
   Su' la Butte.

Bien qu'on trouv', dans un d' ses p'tits ch'mins,
Le *Cabaret des assassins*,
Y' a pas d'escarp's; jamais on n' bute
   Su' la Butte.

Je sais bien qu'i's ont planté d'ssus
Leur s'rin d' « Sacré-Cœur de Jésus ».
Mais l' populo n'est pas un' brute
   Su' la Butte.

Et quand i's chanteront, dans leur chœur,
Les cantiques du Sacré-Cœur,
Tout l' mond' leur-z-y répondra : « Flûte ! »
  Su' la Butte.

A Montmartre on est décidé.
Chacun, dans son cœur, a gardé
Le souv'nir de la dernièr' lutte
  Su' la Butte !

21 janvier 1887.

A mon ami Henri Brissac.

LA SOCIÉTÉ PROTECTRICE DES ANIMAUX

> « Tout Paris était hier soir à l'Hippodrome pour la seconde représentation des courses de taureaux...
>
> « Quelques fanatiques de la Société protectrice des animaux ont cru devoir protester, mais sans grand succès. »

Air : *Aimez-moi du moins comm' vos bêtes.*
    Lachambaudie.

A l'aube, je vais à l'usine ;
En sueur, sans jamais m'asseoir,
Je me surmène, je turbine,
Depuis le matin jusqu'au soir.
Philanthropes, soyez plus chouettes ;
Je vaux bien tous vos animaux.
Aimez-moi du moins comm' vos bêtes, } *Bis.*
Vos chiens, vos chats et vos taureaux !

Pour rien je travaille sans trêve ;
L'exploiteur est mon picador ;
Et lorsqu'à bout je me soulève,
César est mon toréador.
Hommes sensibles que vous êtes,
Protestez contre mes bourreaux !
Aimez-moi du moins comm' vos bêtes,   *Bis.*
Vos chiens, vos chats et vos taureaux !

Quand j'attrape soixante ans d'âge,
Le patron dit : « Il est trop vieux ! »
Il m'envoie à l'équarrissage
Comme un pauvre cheval boiteux.
Au lieu de faire des courbettes
Devant mes cruels toreros,
Aimez-moi du moins comm' vos bêtes,   *Bis.*
Vos chiens, vos chats et vos taureaux !

Le sort me garde en récompense
La mort, sans rien dans le fanal ;
L'autopsie, au nom de la science,
Sur un triste lit d'hôpital.
Les travailleurs ont leurs squelettes
Dans les cabinets médicaux.
Aimez-moi du moins comm' vos bêtes,   *Bis.*
Vos chiens, vos chats et vos taureaux !

23 janvier 1887.

A mon ami Jean Coquelin.
EN REV'NANT DE BUZENVAL

> « Le retour est plus gai. Après de nombreux arrêts chez les troquets qui ont compris le but pratique du patriotisme, les sociétés de tir marchent aux accents de la « Briguedondaine » et celles de gymnastique poussent à perte de poumon des troulala et des ohé ! ohé ! qui n'ont rien de chauvin ! »
>
> Cri du Peuple.
> Manifestation de Buzenval.

Air : *En r'venant de la Revue.*

Membre d'un' société d' gymnastique
Et de plusieurs sociétés d' tir,
Pour une fêt' patriotique,
A Buzenval fallut partir.
Donc, ayant mis un' chemis' blanche,
Vers trois heur's, avant-hier, dimanche,
Nous quittons la mairi' de Rueil,
Par un temps froid et sans soleil.
    Sur la route on fil' droit ;
    La fanfar' de l'endroit
Nous escortait comme un toutou ;
Mais, comm' ell' ne jouait rien du tout,
    On réclame à ces daims
    Marseillais', Girondins ;
    La musiqu', subit'ment,
Entonn' le *Bi du Bout du Banc.*
    D'un air martial,
    A pied, pas à cheval,

Pour gagner Buzenval
　Chacun cavale.
A grand fla-fla,
Nous allions fêter là
Les victimes de la
Gard' nationale.

En chantant, par un' rout' montante,
On grimpe jusqu'au monument.
Les orateurs, d'un' voix tonnante,
S' mett'nt à parler chaleureus'ment.
Entouré d' son écharp', le maire
Papote comme un' vieill' portière.
L'un après l'autr', les délégués
Lis'nt des discours plus ou moins gais.
　Après que Colfavru,
　Longtemps eut discouru,
Les envoyés, au nombre d'un,
Des défenseurs de Châteaudun,
　Au nom des survivants,
　Dis'nt des mots émouvants.
　La fanfar' subito,
S' met à jouer *Toto Carabo*.
　D'un air martial
　A pied, pas à cheval,
　Pour quitter Buzenval
　Chacun détale.
　　On s'en alla
　Fêter autr' part que là

Les victimes de la
Gard' nationale.

Chacun, vers Rueil, se précipite.
Dehors, comme il faisait frisquet,
Patriotiqu'ment l'on s'invite
A prendre un verr' chez l' mastroquet.
Chaqu' société s'arros' la dalle,
En l'honneur d' la gard' nationale ;
Le clairon d' not' société d' tir
Nous donn' le signal de r'partir.
    On se serre la main ;
    Ou se met en chemin.
Troublés par les vins, les sirops,
On pleure, en songeant aux héros.
    On s' répète, en marchant,
    Chaque épisod' touchant ;
    En têt' du bataillon
La fanfar' jou' *Ladiguedon*.
    A pas égal,
    Songeant à Buzenval,
    On gagn', d'un air martial,
    La capitale.
    A grand fla-fla,
    Nous venions d' fêter là
    Les victimes de la
    Gard' nationale !

26 janvier 1887.

A mon ami Georges Baillet.

LES VIEUX

> « Ce soir, vendredi, à l'Eden-Concert,...
> audition de chansons classiques. »
> *Le Cri du Peuple*

Air : *Les gueux*.

Les vieux, les vieux
Sont bien ennuyeux.
Qu'ils s'aiment entre eux !
A bas les vieux !

Des vieux cessons la louange
Pour leur taper sur la peau.
Il faut que la Chanson change
Sa marotte en un drapeau.

    Les vieux, les vieux,
        Etc., etc.

Leur Muse est toujours pareille ;
Elle a dit son *Oremus*.
On peut bien chanter sans « treille »,
Sans « Lisette » et sans « Momus ».

    Les vieux, les vieux.
        Etc., etc.

Près du barreau romantique,
L' « hirondelle » a fait son temps.
Et le cliché tient boutique,
A l'enseigne du *Printemps*.

    Les vieux, les vieux,
        Etc., etc.

Soumis au vieux droit d'aînesse,
Les novices sont tremblants :
Les vieux chantent la Jeunesse ;
Les jeunes, les cheveux blancs.
   Les vieux, les vieux,
    Etc., etc.

Jetons à bas la goguette,
Car l'ennui vient y dormir.
Dehors, le rôdeur qui guette,
Quand vous chantez, vient gémir.
   Les vieux, les vieux,
    Etc., etc.

Il faut la chanson moderne.
A la rue, à l'escalier,
A l'hospice, à la caserne,
A l'usine, à l'atelier.
   Les vieux, les vieux,
    Etc., etc.

Le pauvre hère sans turne
Et sans rien dans le gésier
Connaît mieux Paris nocturne
Que le bourgeois Désaugier
   Les vieux, les vieux,
    Etc , etc.

L'altéré qui voudrait boire
Cherche en vain le cabaret
Où la patronne Grégoire,
Fait l'œil, à ce qu'il paraît.

<blockquote>
Les vieux, les vieux,
Etc., etc.
</blockquote>

Mürger, pleure ta Musette ;
Pour écouter ta chanson,
Le peuple n'est plus Lisette,
Le peuple n'est plus Lison.

<blockquote>
Les vieux, les vieux,
Etc., etc.
</blockquote>

Il est temps que ça finisse ;
Nous réclamons du nouveau.
Silence aux baveux d' la *Lice*,
Aux rabâcheurs du *Caveau*.

<blockquote>
Les vieux, les vieux,
Sont bien ennuyeux.
Qu'ils s'aiment entre eux !
A bas les vieux !
</blockquote>

27 janvier 1887.

A mon ami Lazare Weiller.

LES CIGARIÈRES DE MARSEILLE

Air : *J'ai du bon tabac dans ma tabatière.*

LA CIGARIÈRE (à Roustan).

Monsieur, je ne suis qu'une humble ouvrière ;
Pour me plaindre, ici, je viens de ce pas.
Depuis quelque temps, les tabacs
Sont dans de bien piteux états.

ROUSTAN

J'ai du bon tabac, pauvre cigarière;
J'ai du bon tabac, tu n'en auras
      Pas!

LA CIGARIÈRE

Puisque vous restez sourd à ma prière,
Vous allez ouïr un beau branle-bas.
    De large en long, de haut en bas,
    On exige d'autres tabacs.

ROUSTAN

J'ai bu bon tabac, pauvre cigarière;
      Etc., etc.

LA CIGARIÈRE

Partout l'on songe à quitter la carrière,
Car, dans le métier, tout le monde est las
    A chaque instant, dans vos tabacs,
    On trouve de grands échalas.

ROUSTAN

J'ai du bon tabac, pauvre cigarière;
      Etc., etc.

LA CIGARIÈRE

Cher monsieur Roustan, alors, comment faire?
Ici, déjà l'on ne gagnait pas gras.
    Maintenant, grâce à vos tabacs,
    Pour la peau nous usons nos bras.

ROUSTAN

J'ai du bon tabac, pauvre cigarière;
      Etc., etc.

4.

LA CIGARIÈRE

Du matin au soir, sur notre derrière,
Nous bûchons, en proie à mille tracas.
 Faits avec de mauvais tabacs,
 Les cigares manquent d'appas.

ROUSTAN

J'ai du bon tabac, pauvre cigarière ;
 Etc., etc.

LA CIGARIÈRE

Il faut bien nourrir le père et la mère,
Si tous vos planteurs sont des scélérats,
 C'est triste que nos estomacs
 Soient victimes de leurs tabacs.

ROUSTAN

J'ai du bon tabac, pauvre cigarière ;
J'ai du bon tabac, tu n'en auras
 Pas !

29 janvier 1887.

A MON AMI BERTOL-GRAIVIL.

L'HISTOIRE ET LA LÉGENDE

> — « J'ai parlé de la légende du socialisme ; mais prenez la légende du catholicisme, son ancêtre. »
> Séverine. — *Cri du Peuple.*

Les religieux de nos jours,
Travestissent les Évangiles,
Et, dans leurs merveilleux séjours,
Les Fénelons font place aux Gilles.

Leur orgueil oublie, exalté,
Que Jésus, pour tous équitable,
Déifiant la pauvreté,
Vint au monde dans une étable.

Des dépouilles de l'indigent,
Leur morgue, insolemment, s'attife.
Les diamants, l'or et l'argent
Couvrent le Souverain-Pontife.
Les splendeurs des gros parvenus,
Leur existence les a toutes.
Jésus-Christ marchait les pieds nus,
S'écorchant aux pierres des routes.

Des églises de l'ancien temps
La grandeur ne peut leur suffire.
Ils ont des temples éclatants,
Ornés de marbre et de porphyre.
Il faut, à leurs pâles sermons,
Des chaires richement fouillées.
Jésus-Christ prêchait, sur les monts,
Ses cohortes agenouillées.

Ils vendent les enterrements,
Trafiquent sur la moindre messe,
Et, par leurs pieux boniments,
Transforment l'église en kermesse,
Le grand Mangin, qui s'y connaît,
Du haut de son char les contemple.
Jésus, à coups de martinet,
Chassait les marchands de son temple.

Brûlant des parfums énervants
Dans l'antre où leurs fiertés demeurent,
On les encense, bien vivants;
On les embaume, quand ils meurent.
On couche leurs cadavres froids
Au sein de somptueuses chambres.
Jésus-Christ mourut sur la croix,
Cloué, saignant aux quatre membres.

31 janvier 1887.

A mon ami J. B. Dumay.

LA CHANSON DES OUVRIERS

Air : *La Chanson des peupliers.*

L'aube frileuse est apparue;
La lune s'éteint dans les cieux.
Regardez passer dans la rue,
Les travailleurs silencieux,
Comme un grand fleuve heurtant l'arche,
Des quatre coins du carrefour,
Avec un bruit d'armée en marche,
Ils vont gagner le pain du jour.

Est-ce l'orage?... Est-ce la houle?...
Les fainéants et les rentiers,
Écoutez la rumeur qui roule
    Sur cette foule...
C'est la chanson des ouvriers! (*bis*)

La machine, aux doux froufrous d'ailes,
Tourne, souple comme un roseau.
L'enclume, pleine d'étincelles,
Sonne, comme un chant clair d'oiseau.
Auprès de l'usine qui ronfle,
De pourpre ensanglantant le mur,
La forge, où le soufflet se gonfle,
Fait un tableau de clair-obscur.

Dans le bâtiment où font rage
Les marteaux avec les métiers,
Entendez-vous ce beau ramage,
    Ce beau tapage?...
C'est la chanson des ouvriers! (*bis*)

Souvent, par suite du chômage,
L'usine a des airs désolés.
La fabrique est comme une cage
Dont les oiseaux sont envolés.
Luttant bravement pour la grève,
(Et c'est l'histoire d'aujourd'hui!)
Dans un coin, comme un chien qui crève,
Le travailleur reste chez lui.

La mère vend son dernier châle;
Le père n'a plus de souliers;
Comme un linge, la fille est pâle,
    Le petit râle...
C'est la chanson des ouvriers! (*bis*)

1er février 1887.

A mon ami Victor Souchon.

LES CENSEURS

Air : *Hommes noirs, d'où sortez-vous !*

— Bons censeurs, d'où sortez-vous ?
— Nous sortons du ministère ;
Honteux comme des filous,
Notre règne est un mystère.
Bien à tort on nous discuta ;
Gardiens de la sûreté de l'État,
Sans nous, l'on dirait tout ce qu'il faut taire,
Car, pour le bon goût toujours nous luttons,
  C'est nous qui châtrons
   Et qui mutilons
Les drames hardis, les libres chansons.

La Chambre, en des temps malsains,
Nous ôta, de réforme ivre,
La censure des dessins
Et la censure du livre.
Grâce aux députés libéraux,
Sur la scène, encor, règnent nos ciseaux.
Auteurs, chansonniers, à nous l'on vous livre ;
Sans crainte des cris, nous continuerons :
  Nous rechâtrerons
   Remutilerons
Les drames hardis, les libres chansons. »

Criez moins haut, bons censeurs;
Malgré les absurdes votes
De nos députés farceurs,
Un jour, à grands coups de bottes
Appliqués dans le bas du dos,
Nous vous chasserons, vous et vos ciseaux.
De nos poings nerveux brisant les menottes,
A vos chers travaux nous vous renverrons.
Nous applaudirons
Et nous chanterons
Les drames hardis, les libres chansons.

2 février 1887.

A MON AMI GEORGE COUTAN.

L'AFFAIRE ROUSSEL-HARCHOUX

Air du *Bi du bout du banc*.

CARTIER

— Fille Harchoux, répondez franch'ment
Sur le bi, sur le bout, sur le bi du bout du banc.
L'abbé Roussel fut votre amant
Sur le bi, sur le bout, sur le bi du bout du banc?

ANNETTE HARCHOUX

— Pour sûr, monsieur le président,
Sur le bi, sur le bout, sur le bi du bout du banc.
Il se montrait mêm' très ardent
Sur le bi, sur le bout, sur le bi du bout du banc.

L'ABBÉ ROUSSEL

— N'écoutez pas cett' fille ; ell' ment
Sur le bi, sur le bout, sur le bi du bout du banc,
J' l'ai toujours traité' décemment
Sur le bi, sur le bout, sur le bi du bout du banc.

ANNETTE HARCHOUX

— Déjeunant un jour tranquill'ment
Sur le bi, sur le bout, sur le bi du bout du banc,
J'avais bu pas mal de vin blanc
Sur le bi, sur le bout, sur le bi du bout du banc.

L'abbé Roussel vint traîtreus'ment
Sur le bi, sur le bout, sur le bi du bout du banc,
Et s' mit près de moi-z-effrontément
Sur le bi, sur le bout, sur le bi du bout du banc.

Soudain i' r'tira son vêt'ment
Sur le bi, sur le bout, sur le bi du bout du banc,
Et me dit de me mettr' vivement
Sur le bi, sur le bout, sur le bi du bout du banc.

Comm' j' pouvais pas faire autrement,
Sur le bi, sur le bout, sur le bi du bout du banc,
Je m' laissai faire innocemment
Sur le bi, sur le bout, sur le bi du bout du banc.

L'entretien dura quelque temps
Sur le bi, sur le bout, sur le bi du bout du banc.
En partant, il m'offrit cinq francs
Sur le bi, sur le bout, sur le bi du bout du banc.

L'ABBÉ ROUSSEL

Parol' d'honneur, c'est esbrouffant!
Sur le bi, sur le bout, sur le bi du bout du banc.
Ell' vous cont' des blagu's, cette enfant,
Sur le bi, sur le bout, sur le bi du bout du banc.

ANNETTE HARCHOUX

Je peux vous prouver facil'ment,
Sur le bi, sur le bout, sur le bi du bout du banc.
Que je ne vous trompe aucun'ment,
Sur le bi, sur le bout, sur le bi du bout du banc.

L'abbé Roussel a, sur le flanc,
Sur le bi, sur le bout, sur le bi du bout du banc,
Un sign' que j'ai vu nuitamment
Sur le bi, sur le bout, sur le bi du bout du banc.

Près de l'épaule, également,
Sur le bi, sur le bout, sur le bi du bout du banc.
Il a-z-un grain d' beauté charmant,
Sur le bi, sur le bout, sur le bi du bout du banc.

Il a deux tach's près du fond'ment,
Sur le bi, sur le bout, sur le bi du bout du banc.
Et même un tout petit mal blanc
Sur le bi, sur le bout, sur le bi du bout du banc.

CARTIER

Chut! ça suffit comm' signal'ment,
Sur le bi, sur le bout, sur le bi du bout du banc.
L' jury trouv' que c'est suffisant
Sur le bi, sur le bout, sur le bi du bout du banc.

3 février 1887.

A mon ami Léon Bienvenu.

LE TOAST DU FORGERON

Air des *Pins*.

C'était fête ; la Saint-Éloi
Réunissait sous la tonnelle
Les forgerons, qui n'ont pour loi
Que le travail, dette éternelle.
Soudain, l'un d'eux, interrompant
Les rires et les chocs de verres,
Entonna, d'un air triomphant,
Un chant large aux accents sévères :

Buvons aux lourds marteaux de fer
Tapant sur l'enclume sonore ;
A la forge où brille un feu clair,
Qu'empourpre un reflet de l'enfer,
A l'âtre que la flamme dore !

Nous sommes les fiers artisans
Fabriquant les armes utiles
Qui, dans les mains des paysans,
Défrichent les terrains stériles.
Ainsi, dans son rude labeur,
Arrosé de sueurs fécondes,
Le peuple, puissant laboureur,
Doit régénérer les vieux mondes.
Buvons aux lourds marteaux de fer,
      Etc., etc.

Compagnons, lorsque, de nouveau,
S'allumera la forge obscure,
En reprenant le long marteau,
Songeons à la France future;
Et nous le ferons retentir
Plus bruyamment que de coutume,
En songeant que c'est l'avenir
Que nous pétrissons sur l'enclume,

Buvons aux lourds marteaux de fer,
Etc., etc.

4 février 1887.

À MON AMI ADRIEN LEFORT

VOLTAIRE

« Voltaire n'est pas seulement républicain démocrate, il anticipe sur le socialisme. »

Cri du peuple.

Cent ans sont accomplis depuis que, de Voltaire,
L'humanité coucha le cadavre au tombeau;
Et, durant tout ce siècle, illuminant la terre,
Son œuvre a resplendi comme un libre flambeau.

Ainsi qu'un laboureur projette la semence,
Sa flamme, inaccessible aux éteignoirs romains,
Inonde des rayons de sa lumière immense
Le mouvant horizon, fait des cerveaux humains.

Vainement l'essaim des corbeaux de sacristie,
Maître, s'est abattu sur « tes os décharnés »;

Leur haine de ton nom sur nous s'est amortie;
Oui, c'est en notre temps que « tes hommes sont nés! »

En vain, des cléricaux, la meute carnassière,
Armant son vil courroux de *monseigneurs* dévots,
Pour voler au cercueil ton illustre poussière,
Força, du Panthéon, les austères caveaux.

Si ton corps a grossi l'éternelle Matière,
Ta pensée, insensible aux morsures du ver,
A nos yeux éblouis, flambe encor tout entière,
Et chaque peuple y lit, comme en un livre ouvert.

Il y puise, à la fois, et l'amour et la haine;
L'âpre haine de l'ombre, idole des tyrans;
L'amour de la clarté, qui brise toute chaîne,
Élève les esprits et confond tous les rangs.

C'est pourquoi nous fêtons, sans crainte du tonnerre
Dont Rome menaça nos fronts ensoleillés,
Ton œuvre où resplendit ton esprit centenaire,
Arouet, géant des hommes émerveillés.

Sans peur, nous célébrons l'immortelle journée,
Terreur du conquérant, du prêtre, du bourreau,
Où, lame indestructible, au cœur du Mal plantée,
Ta colère surgit, terrible, du fourreau.

Qu'importe qu'un serpent clérical se démène,
Sur ce fer, que sa dent vainement ronge et mord!
Le temps, en nos cerveaux, comme un phare promène
L'Esprit toujours vivant de cet illustre mort!

    5 février 1887.

A MON AMI CARAN D'ACHE.

LES ESPIONS[1]

Des malheurs de soixante-dix
Aurions-nous oublié l'histoire ?
Les Allemands, comme jadis,
Encombrent notre territoire.
Des vils espions d'Outre-Rhin
Dans nos cités grouille l'engeance.
Camarades, veillons au grain :
Les Prussiens sont toujours en France.

Sous le pavillon genevois,
Ils ouvrent d'immenses tavernes,
Où Gambrinus, sur son pavois,
Regarde au fond de nos casernes.
De nos sœurs qui pleurent là-bas
Quand nous rêvons la délivrance,
Buveurs, entre nous, parlons bas :
Les Prussiens sont toujours en France.

Sous prétexte d'enseignement,
Pour préparer de nouveaux sièges,
De nos professeurs d'allemand
Ils ont su s'emparer des sièges.
A ce titre, dans nos foyers,
Ils installent leur surveillance.
Près de la famille, veillez :
Les Prussiens sont toujours en France.

[1]. Meuriot, éditeur, 25, boulevard de Strasbourg, Paris.

Sous le joug de leur empereur,
La Lorraine écume et se cabre;
Ses flancs palpitent de fureur
Et saignent au tranchant du sabre.
O vieille Alsace! leur tambour
Étouffe ton cri de souffrance.
Ils occupent Metz et Strasbourg :
Les Prussiens sont toujours en France.

6 février 1887.

A MON AMI EDGAR BÉRILLON.

LES SANGSUES

Air : *C'est la poire!*

LES ROIS

En dépit des gens vulgaires,
Sauvant la société,
Armés du scalpel des guerres,
Nous saignons l'humanité ;
Nous suçons, pour notre gloire,
Son beau sang, vermeil et chaud ;
    Oh! oh! oh! oh!
C'est à boire, à boire, à boire,   ⎱ *Bis.*
C'est à boire qu'il nous faut.   ⎰

LES NOBLES

Nos aïeux, de rudes drilles,
Volaient les filles des rois.

Nous, nous quêtons, pour nos filles
L'alliance des bourgeois.
Nous fûmes grands dans l'histoire,
Mais le sang nous fait défaut,
    Oh! oh! oh! oh!
C'est à boire, à boire, à boire, } *Bis.*
C'est à boire qu'il nous faut.

LES BOURGEOIS

Parmi toutes les espèces,
A nous la part du lion!
Nous entassons, dans nos caisses,
Million sur million.
Nous buvons, comme Grégoire,
L'Or, qui nous fait trôner haut:
    Oh! oh! oh! oh!
C'est à boire, à boire, à boire, } *Bis.*
C'est à boire qu'il nous faut.

LES FILLES

Pour rétablir l'équilibre,
Des yeux, des ongles, des dents.
Nous vidons le peu qui vibre
Au cœur de leurs descendants.
Nous éteignons la mémoire
Qui palpite en leur cerveau;
    Oh! oh! oh! oh!
C'est à boire, à boire, à boire, } *Bis.*
C'est à boire qu'il nous faut.

LES PATRONS

Avec courage et vaillance,
Peinez, sombres travailleurs;
L'arbre de notre opulence
Grandira, par vos sueurs.
Les Patrons, c'est l'infusoire
Dans la chair du populo;
    Oh! oh! oh! oh!
C'est à boire, à boire, à boire,   } *Bis.*
C'est à boire qu'il nous faut.

LES JUGES

Avides comme des gouges,
Au Palais nous blottissant,
Pâles, dans nos robes rouges,
Nos robes rouges de sang,
Nous abreuvons, au prétoire,
La potence et l'échafaud;
    Oh! oh! oh! oh!
C'est à boire, à boire, à boire,
C'est à boire qu'il nous faut.   *Bis.*

LES HOMMES FUTURS

Nourrice du Prolétaire,
Justice! nous t'attendons!
Oui, tu viendras, sur la terre,
Abreuver tes nourrissons!
Pour qu'enfin, dans notre histoire,
Surgisse un monde nouveau;
    Oh! oh! oh! oh!

C'est à boire, à boire, à boire,
C'est à boire qu'il nous faut. } *Bis.*

8 février 1887.

A TOUS LES PEUPLES!

LA GUERRE

> « Les peuples sont pour nous des frères
> Et les tyrans des ennemis. »

Air : *D' la braise!*

L'actualité du moment,
Peuples, c'est malheureusement
    La guerre.
Partout gronde un sourd branle-bas :
Chacun appréhende tout bas
    La guerre.
Les uns disent que nous aurons;
D'autres, que nous éviterons
    La guerre.
On en parle, c'est le point sûr;
Faisons donc une chanson sur
    La guerre.

Plébéiens de tout l'univers,
Vous dont les yeux sont tournés vers
    La guerre.
Chinois, Français, Russe, Allemand,
Ne l'écoute pas, elle ment,
    La guerre.

Elle chatouille votre cœur
D'un chant de victoire trompeur,
  La guerre.
Sur vos cadavres fleurissant,
Elle grandit par votre sang,
  La guerre.

Peuple naïf, si tu m'en crois,
C'est l'arme suprême des rois,
  La guerre.
Quand ils se sentent menacés,
Vite, les canons, annoncez
  La guerre !
Ajournant leur triste départ,
Les tyrans se maintiennent par
  La guerre.
Employé, mineur, paysan,
Tu forges ta chaîne, en faisant
  La guerre.

Crois-moi, pauvre univers dompté,
C'est le pou de l'humanité,
  La guerre.
Se moquant bien de tes « hourra ! »
Prends garde, elle te mangera
  La guerre.
Travailleur, te croisant les bras,
Sans effort tu repousseras
  La guerre.
Peuples, en vous tendant la main,

Vous chasserez du genre humain
　　La guerre.

10 février 1887.

A Séverine.

LES PETITS DE PORQUEROLLES
Complainte

> « Il était trois petits enfants,
> Qui s'en allaient glaner aux champs. »
> *La Légende de Saint-Nicolas*

Air de la *Légende de Saint-Nicolas*.

Porquerolles, près de Toulon,
Est une petite île, où l'on
Martyrise, comme Moyaux,
Sans pitié, les pauvres petiots.
Il était des petits enfants
Qu'on envoyait trimer aux champs.

Sous prétexte d'humanité,
Là, chaque môme est exploité.
La meule va l'aplatissant
Et de la meule il sort du sang.
Il était des petits enfants
Qu'on envoyait trimer aux champs.

D'un drap mince à peine couverts,
Conduits par des geôliers pervers,
Le ventre sans un peu de pain,
Ils s'en allaient de grand matin.
Il était des petits enfants
Qu'on envoyait trimer aux champs.

Bûchant comme des paysans,
Ces travailleurs à quatorze ans,
A déjeuner étaient nourris
Avec un peu de pois pourris.
Il était des petits enfants
Qu'on envoyait trimer aux champs.

Pour un peu de flême, pour rien,
On les battait comm' sur un chien,
Ce pauvre et chétif populo
Était mis au pain et à l'eau.
Il était des petits enfants
Qu'on envoyait trimer aux champs.

En cellule, au Grand-Langoustier,
On les enfermait sans pitié.
Ils y restaient quarante jours,
Six mois, un an, même toujours.
Il était des petits enfants
Qu'on envoyait trimer aux champs.

Et quand, tout bas, on murmurait,
Dans un enfer on les murait.
On les brisait, nus comme un ver,
Avec une barre de fer.
Il était des petits enfants
Qu'on envoyait trimer aux champs.

Et pendant ce temps les patrons,
Homme et femme, devenaient ronds.
Doucement l'ogre s'engraissait
De la chair du petit Poucet.

Il était des petits enfants
Qu'on envoyait trimer aux champs.

Mais, mécontent de son état,
Un jour, l'un d'eux se révolta.
On prit le pauvre petit chat ;
Après un arbre on l'attacha.
Il était des petits enfants
Qu'on envoyait trimer aux champs.

Quelqu'un, devant lui, se planta ;
Du matin au soir le fouetta.
En poussant des cris déchirants,
Le môme implorait ses tyrans.
Il était des petits enfants
Qu'on envoyait trimer aux champs.

Si bien qu'un beau jour, six petits,
Plus braves, ou moins abrutis,
Sans crainte se sont révoltés
Et les patrons sont arrêtés.
Il était des petits enfants
Qu'on envoyait trimer aux champs.

Petits, vous serez tous vengés,
Car les mangeurs seront mangés.
Si les juges ne leur font rien,
Nous, nous les rattraperons bien.
Il était des petits enfants
Qu'on envoyait trimer aux champs.

Pauvres petiots qu'on pousse à bout,
Demain vous verra tous debout.
Pour l'ogresse on s'ra sans pitié
Et l'ogre sera fusillé.
Il était des petits enfants
Qu'on envoyait trimer aux champs.

11 février 1887.

A MON AMI JULES JOFFRIN.

LES BOOKMAKERS

(Extraits du carnet d'un parieur, trouvé au Bois de Boulogne.)

De rage et de dépit je ne peux me tenir :
    Vrai, je la trouve verte !
Mais récapitulons nos pertes : Pour venir,
    Pris une découverte.

Des badauds du commun désirant m'affranchir,
    Esclave de l'usage,
Retiré de ma bourse un louis, pour franchir
    L'enceinte du pesage.

Singeant le pschutt, le v'lan des gommeux d'alentour,
    (Bêtise moutonnière !)
Acheté deux louis une fleurette, pour
    Orner ma boutonnière.

Deux autres louis, pour des glaces, chez Rouzé ;
    (Pour deux glaces, c'est roide !)
Acheté pour Nana qu'une nuit j'épousai
    Vingt francs de viande froide.

Désirant éblouir un peu la grande Iza,
    Payé vingt francs de bière ;
Puis cinq autres louis, pour un bouquet d'Isa-
    Belle, la bouquetière.

Perdu trois louis sur le cheval *Rambuteau ;*
    Cinq louis, sur *Moumoutte :*
Au moment d'arriver la première au poteau,
    La rosse tombe en route !

Bref, pour avoir, un jour, singé la fashion
    D'un grand monde fossile,
J'ai mangé mon argent du mois ! Conclusion :
    Je suis un imbécile.

La piste de Longchamps est le grand tapis vert
    Où les tricheurs de courses,
Sous l'œil du peuple, au grand soleil, à découvert.
    Escamotent nos bourses !

Octave Mouret.
Employé au « Bonheur des Dames ».

12 février 1887.

A mon ami Alphonse Humbert.

LE BAL DE L'ÉLYSÉE

Air : *A l'Élysée on dansera ce soir.*
Gustave Leroy.

Partout l'on sent comme une odeur de poudre.
L'orage vient et gronde à l'horizon.
De ce point noir va-t-il sortir la foudre ?...
Chacun en cause, au seuil de sa maison.

Rassurez-vous, les trembleurs du vulgaire ;
Auprès du feu, vous pouvez vous asseoir ;
D'ici longtemps nous n'aurons pas la guerre :
A l'Élysée ou a dansé ce soir.

En proie aux rats, le budget crie et souffre.
Épouvanté, chacun, de jour en jour,
Du déficit voit s'élargir le gouffre ;
Honneur, fortune y plongent tour à tour.
« Char de l'État », roule, poursuis ta route ;
Fouette, cocher, sans souci du ciel noir ;
Tu n'es pas près de faire banqueroute :
A l'Élysée on a dansé ce soir.

Sur le pavé, l'ouvrier sans ouvrage
Laisse tomber son vieux corps affaibli.
Dans l'atelier, par suite du chômage,
L'outil s'ennuie et dort sur l'établi.
La mère dit : « Faut-il que l'enfant crève !
Mais la fabrique est donc un échaudoir ! »
Console-toi si ton homme fait grève :
A l'Élysée on a dansé ce soir.

Paillasse, va, saute pour tout le monde !
Dansez, valsez, les faux républicains !
Quand viendra Mars, nous mêlant à la ronde,
Nous vous prendrons vos masques d'arlequins.
Nous prendrons tout, les obscurs, les illustres ;
Dans vos fauteuils nous viendrons nous asseoir ;
Sur vos tapis somptueux, sous vos lustres,
A l'Élysée on dansera le soir !

13 février 1887.

A mon ami Jules Lévy.

MONSIEUR ET MADAME DE ROUSSEN

Le théâtre représente la chambre à coucher des époux de Roussen, à Porquerolles. Ces deux honorables personnages causent avant de s'endormir. La scène se passe quelques mois avant la découverte de leurs aimables peccadilles.

Air de *Monsieur et Madame Denis*.

LA ROUSSEN

Je dois vous dire deux mots
Au sujet de nos marmots.
C'est moi le gouvernement,
    Souvenez-vous en (*bis*).

LE ROUSSEN

Ma poulette, mes amours,
Tu le garderas toujours.

LA ROUSSEN

Sachez que chaque moutard
Se lève une heure trop tard.
Le sommeil rend fainéant,
    Souvenez-vous en (*bis*).

LE ROUSSEN

A trois heures, tous les jours,
Ils se lèveront toujours.

LA ROUSSEN

Autre chose : ils sont nourris
De légumes moins pourris.

Table saine rend gourmand,
　　Souvenez-vous en (*bis*).

LE ROUSSEN

De sales topinambours,
Nous les nourrirons toujours.

LA ROUSSEN

Bien plus, ils ont sur le dos
Des habits d'un drap trop gros.
Comme frais, c'est écrasant,
　　Souvenez-vous en (*bis*).

LE ROUSSEN

De mince dentelle à jours,
Nous les vêtirons toujours.

LA ROUSSEN

Les bancals et les manchots
Guériront dans les cachots.
L'hôpital, c'est notre argent,
　　Souvenez-vous en (*bis*).

LE ROUSSEN

En cage, comme des ours,
Nous les mettrons pour toujours.

LA ROUSSEN

Ce n'est pas en le gâtant
Que l'on élève un enfant;
C'est en le martyrisant,
　　Souvenez-vous en (*bis*).

LE ROUSSEN

Avec des coins et des tou..s,
Qu'on les torture toujours !

LA ROUSSEN

Que ce régime de fer
Ne soit pas pour Jaeger.
C'est un jeune homme charmant.
   Souvenez-vous en (*bis*).

LE ROUSSEN

Près de toi, dans le velours,
Tu peux le chérir toujours.

LA ROUSSEN

C'est mon cher page mignon :
Je veux qu'il ait du rognon.
Du vin fin, en déjeunant,
   Souvenez-vous en (*bis*).

LE ROUSSEN

De crèmes, de petits fours,
Nous le bourrerons toujours.

LA ROUSSEN

Je veux que, deux jours sur trois,
Ce gosse au joli minois
Couche en mon appartement,
   Souvenez-vous en (*bis*).

LE ROUSSEN

Dans ta chambre, sans détours,
Il peut bien coucher toujours.

LA ROUSSEN

Faites donc, époux soumis,
Ce que vous m'avez promis
De me faire en m'épousant,
  Souvenez-vous en (bis).

LE ROUSSEN

Oui, poupoule, nuits et jours,
Je te le ferai toujours.

(Le rideau de l'alcôve se ferme brusquement.)

10 février 1887.

AVOCAT ET CHANSONNIER

> « Un journal que je ne citerai pas parce que
> son nom est sur toutes les lèvres, ne s'est-il
> pas avisé d'imprimer une complainte sur les
> malheureux événements de Porquerolles ! »
>   (Plaidoirie de M⁰ Blache, défenseur de
>   la Roussen.)

A MAITRE BLACHE

Pourquoi crier ainsi, cher maître ?
Parce que j'osai me permettre
De composer, sur vos clients,
Des couplets en vers peu brillants ?...
Si c'est ça, je la trouve bonne !
Si vous parlez, moi je chansonne :
    Chacun son métier :
Vous êtes avocat ; moi je suis chansonnier.

De vos talents partout l'on cause,
Vous parlez, en superbe prose,

Deux heures, sans vous arrêter,
Sans que l'on cesse d'écouter.
Moi, je joue, en quelques minutes,
Mes pauvres petits airs de flûtes.
  Chacun son métier :
Vous êtes avocat, moi je suis chansonnier.

Vous, vous présentez, sans scrupules,
La défense de vos crapules.
Pour vous, Troppmann est innocent,
Moyaux, aux mains, n'a pas de sang.
Que voulez-vous ? J'ai des entrailles :
Je tiens les Rousson pour canailles.
  Chacun son métier :
Vous êtes avocat ; moi je suis chansonnier.

Si ma complainte vous embête,
Ne la lisez pas, c'est trop bête.
Moi, qu'ils soient trop longs ou trop courts,
Je ne lis jamais vos discours,
Dédaignez donc mes patenôtres,
Puisque je dédaigne les vôtres !
  Chacun son métier :
Vous êtes avocat ; moi je suis chansonnier.

17 février 1887.

A MON AMI EUGÈNE RAPP.

LE MUSÉE DES HORREURS

Amis, trêve aux vaines paroles !
Ceux qui veulent voir le portrait

Des vils bandits de Porquerolles
Reproduit ici trait pour trait,
Entrez! entrez dans cette salle
Ils sont là, réunis en tas.
Ça tient de la place et c'est sale;
Regardez, mais ne touchez pas.

Voici les barres de justice;
Les pauvres habits déchirés;
Tous les instruments de supplice
Chers à ces brigands avérés.
Les loques sont pleines de gale;
Les barres ont du sang, hélas!
Ça tient de la place et c'est sale;
Regardez, mais ne touchez pas.

Voici le portrait de l'ogresse.
L'artiste a dû bien le soigner;
Elle est criante, la bougresse;
On dirait qu'elle va cogner.
Puis, de l'ogre, voici la balle;
Sa binette manque d'appas.
Ça tient de la place et c'est sale;
Regardez, mais ne touchez pas.

Voici les têtes véridiques
De Saunier, des Bianconi,
Gredins féroces et sadiques,
Éperviers fondant sur le nid.
Comme viandes dans une halle,
Sanglants, nauséabonds et gras.

Ça tient tient de la place et c'est sale;
Regardez, mais ne touchez pas.

Ce sont les Rousses qu'on vous montre,
Car leurs complices n'y sont point.
Si quelqu'un de vous les rencontre,
Qu'il les contemple — mais de loin.
Sur le trottoir, quand ça s'étale,
Méfiez-vous des scélérats :
Ça tient de la place et c'est sale;
Regardez, mais ne touchez pas.

18 février 1887.

A MON AMI MAURICE ISABEY.

LA TOUR EIFFEL

L'horizon est noir comme l'encre;
L'Europe vogue, sans fanal.
La Misère, comme un grand chancre,
S'étend sur le corps social.
Ne descendez pas à la cave,
Trembleurs; ne frissonnez pas tant.
Il est une chose plus grave :
Charles Garnier n'est pas content.

C'est la Tour Eiffel qui l'offusque;
Il hait cet énorme compas,
Et comme sa franchise est brusque,
Dame! il ne nous le cache pas.
Aux yeux de la foule épatée,
Ce géant, vers le ciel montant,

Démolit sa « pièce montée ».
Charles Garnier n'est pas content.

Aux expositions dernières,
Les badauds, curieusement,
Venaient voir, bêtes moutonnières,
Son prétentieux monument.
Une autre espérance les berce,
Car c'est la Tour que l'on attend ;
Ça fait du tort à son commerce,
Charles Garnier n'est pas content.

Bien avant qu'on ne la commence,
Ça l'agace, la Tour Eiffel,
Avec son escalier immense
Et qui montera jusqu'au ciel.
Cet escalier, il l'abomine :
Près de ce rival épatant,
Le sien va faire triste mine.
Charles Garnier n'est pas content.

Est-ce au nom de l'Art qu'il proteste
Et qu'il rage, montrant le poing,
A ce colosse qu'il déteste ?...
Au nom de l'Art ? Ah ! que non point !
C'est au nom de son industrie :
Cette tour, c'est inquiétant
Pour sa lourde pâtisserie.
Charles Garnier n'est pas content.

O vous, architectes sublimes,
Aujourd'hui couchés au tombeau !

Vous tous, qui rêviez, sur les cimes,
Arborant l'Art, comme un flambeau !
Jean Goujon, charmant et farouche,
Michel-Ange, sombre titan,
Quelqu'un parle par votre bouche :
Charles Garnier n'est pas content.

10 février 1887.

A Émile Zola

LA CHANSON DU VENTRE

(A propos de la représentation du *Ventre de Paris*)

Air : *D' la braise.*

Rôdeurs, par la faim obsédés
Et qui, cependant, possédez
    Un ventre ;
Les sans-ouvrage, aux longues dents ;
Les minables qui n'ont rien dans
    Le ventre ;
Tous, au nez du bourgeois traqueur,
Afin de nous donner du cœur
    Au ventre ;
Camarades, à l'unisson,
Sans crainte entonnons la chanson
    Du ventre.

Le ventre est le point de départ :
L'univers a commencé par
    Un ventre ;
Grandi par la maternité,

C'est le nid de l'humanité
　　Le ventre ;
C'est le tabernacle immortel ;
On devrait dresser un autel
　　Au ventre ;
Homme ou femme, grand ou petit,
Chacun de nous tous est sorti
　　Du ventre.

Chinois, Français, Turcs, Esclavons,
Rouges, blancs ou noirs, nous avons
　　Un ventre ;
Rond ou plat, maigre ou rebondi,
C'est étonnant tout ce que dit
　　Le ventre ;
Gros mangeur ou jeûneur bénêt,
L'individu se reconnaît
　　Au ventre ;
Le possédé, le possesseur
Se distinguent par la grosseur
　　Du ventre.

Exploiteurs, bergers du troupeau,
Vous tous qui prenez pour drapeau
　　Un ventre ;
Qui, de la chair des harassés,
Effrontément vous engraissez
　　Le ventre ;
Il viendra, le peuple en fureur :
Un jour vous aurez la terreur

LES CHANSONS DE L'ANNÉE.

Au ventre ;
Avenir, ton astre luira !
La Justice te sortira
Du ventre !

21 février 1887.

A MON AMI FÉLIX PYAT.

LA MARSEILLAISE ORLÉANISTE

« Les amis de Philippe VII ayant fini par s'apercevoir que la politique en chambre ne conduit à rien, ont résolu de changer cette tactique en moyens plus efficaces.. »

Cri du peuple.

Air : *C'est ta poire !*

Grand roi, plein d'économie,
Louis-Philippe premier ;
Toi qui, sous ton parapluie,
Abritas le monde entier ;
Héros fameux dans l'Histoire,
Ressuscite du tombeau !
 Oh ! oh ! oh ! oh !
C'est ta poir', ta poir', ta poire, } *Bis.*
C'est ta poire qu'il nous faut !

Foin des prétendants imberbes :
Les Victor et les Plonplon !
Dans tes favoris superbes,
O roi, gros comme un melon !
Sur le trône, c'est notoire,

Seul, tu fus royal et beau !
  Oh ! oh ! oh ! oh !
C'est ta poir', ta poir', ta poire, } *Bis.*
C'est ta poire qu'il nous faut !

Toujours tu fus tendre aux cuistres :
Devant la Banque, à genoux,
A la Chambre, tes ministres
Disaient : « Enrichissez-vous ! »
Pour qu'au Palais, au Prétoire,
Surgisse un autre Guizot,
  Oh ! oh ! oh ! oh !
C'est ta poir', ta poir', ta poire, } *Bis.*
C'est ta poire qu'il nous faut !

Grand roi qui coupais la tête
De tout rêveur soulevé,
Pour qu'enfin, à la Roquette,
Un matin, sur le pavé,
Se dresse, sanglante et noire,
La forme de l'échafaud,
  Oh ! oh ! oh ! oh !
C'est ta poir', ta poir', ta poire, } *Bis.*
C'est ta poire qu'il nous faut !

Le peuple, que l'on affame,
Veut du pain, ou bien du plomb.
Afin d'écraser l'infâme,
Il nous faut un roi d'aplomb.
De son sang nous voulons boire,

Dans un Transnonain nouveau,
 Oh! oh! oh! oh!
 C'est ta poir', ta poir', ta poire, ⎞
 C'est ta poire qu'il nous faut ! ⎠ *Bis.*

24 février 1887.

A mon ami Roll.

LE MARDI GRAS DU VA-NU-PIEDS

J' voudrais trimer comme un nègre
Et turbiner comme un ch'val.
C'est l' mardi gras et j' suis maigre;
Ça m'embête, l' carnaval.
La faim m' fait fair' la grimace;
Y' a six mois qu' je m' suis rasé,
Et par derrièr' ma ch'mis' passe :
On m' prend pour un déguisé.

Un' gargotière à l'âm' bonne
M'a donné deux bouts d' pain blanc.
J' cherche un' rue où y' ait personne
Pour les manger tranquillement.
J'en cache un sous mon aisselle,
L'aut', dans l' dos, je l'ai r'misé;
Je r'semble à Polichinelle :
On m' prend pour un déguisé.

D' vieill's frusqu's on m'a fait l'aumône;
Dam' ! on s'habill' comme on peut,
J'ai un vêt'ment blanc; l'aut' jaune;
Culott' rouge et gilet bleu.

6.

Ça pourra m' servir encore,
Quoiqu' tout ça soit bien usé,
Comm' Paillass', j' suis tricolore :
On m' prend pour un déguisé.

Comme un autre, j'ai l' cœur mâle,
Mais l' jeûn', ça n' vous rend pas gras.
Dans les glac's, je m' vois tout pâle
Et minc' c mme un' échalas.
Non, pour sûr, je n' pay' pas d' mine ;
De fatigue j' suis brisé.
Comm' Pierrot j'ai l' teint farine :
On m' prend pour un déguisé.

Tas de masques politiques,
Pierrots, Paillass's, Arlequins,
Qui chipez dans les boutiques
Vos habits d' républicains.
Saoûlez-vous à la barrique !
Quand vous vous s'rez bien grisés,
La Commune, à grands coups d' trique,
Chassera les déguisés !

23 février 1887.

A MON AMI PHILIPPE BURTY.

LE MERCREDI DES CENDRES
Air de *Paillasse*.

L'aub' sonn' le glas du Carnaval
  A l'horlog' du Carême.
Allons, pantins, sortez du bal !
  Montrez-nous vot' fac' blême !

Cuvez vos sirops
  Arlequins, Pierrots,
Colombin's et Cassandres;
  C'est l'ordre, ici-bas :
  Après l' mardi gras,
Vient l' mercredi des Cendres.

Tyrans couverts des oripeaux
  De la guerre et d' la gloire,
En dépit de tous vos drapeaux
  Claquant au vent d' l'Histoire,
    S'aimant, sous l' ciel bleu,
    Les peupl's, avant peu,
  N' voudront plus d'Alexandres,
    C'est l'ordre ici-bas :
    Après l' mardi gras
Vient l' mercredi des Cendres.

Rigolez-bien, les travestis
  De l'ordre et d' la morale !
Amusez-vous, les chienlits;
  Riez d' la question sociale !
    La plèb' se lèv'ra
    Et vous réveill'ra
  Dans vos lits d' palissandres!
    C'est l'ordre ici-bas :
    Après l' mardi gras
Vient l' mercredi des Cendres.

Patrons, sans vergogne, engraissez,
  Mangez, d'venez roug' brique;

Exploiteurs qui vous nourrissez
De la chair à fabrique,
Vos victim's un jour,
Auront bien leur tour
Et s' montreront peu tendres.
C'est l'ordre, ici-bas :
Après l' mardi gras
Vient l' mercredi des Cendres.

24 février 1887.

A mon ami Emile Ledrain.

LE CARÊME DU PROLÉTAIRE

Dès l'aube du premier matin,
Le nain fut jouet du colosse :
Abel fut tué par Caïn ;
Adam chassé par Dieu féroce.
Monde, depuis que ton cœur bat,
Les adversaires sont les mêmes ;
Il persiste, le dur combat
Entre les rouges et les blêmes.

Les ans passent comme des jours,
Depuis que l'homme est sur la terre ;
Cependant il dure toujours,
Le Carême du prolétaire.

« Le jeûne est le prix du travail ;
A bras robustes, ventres vides. »
Ces mots brillent, aux murs de Caïl,

Comme aux pierres des Pyramides.
On les pressure, ceux d'en bas,
Les rouges, les blancs et les nègres;
Hélas! le superflu des gras
Est fait de ce qui manque aux maigres.
Les ans passent comme des jours,
   Etc., etc.

Parfois, pourtant, ceux qui n'ont rien
S'insurgent contre les gros ventres;
La bête se fait citoyen,
Les loups bondissent de leurs antres.
Autour des festins désirés,
Meurt-de-faim, dans l'ombre, tu rôdes :
Voici venir les Fédérés,
Après les Jacques et les Gaudes.
Les ans passent comme des jours,
   Etc., etc.

Ogres sans vergogne, tremblez!
Car les revanches sont voisines.
Le paysan prendra les blés,
L'ouvrier prendra les usines.
Gros mangeurs gavés jusqu'au cou,
Prenez garde aux rouges journées
Où nous rassasierons d'un coup,
Le jeûne de dix mille années!
Ils arrivent, les grands labours!
Car, il finira sur la terre,
Dans les champs et dans les faubourgs,
Le Carême du prolétaire!

25 février 1887.

A MON AMI VICTOR MEUSY.

LES TREMBLEMENTS DE TERRE DU MIDI

(Jugés par un Méridional.)

Air : *Le Midi bouge* (Paul Arène).

Nîmes, Grasse, Avignon) *Bis.*
Ont reçu plus d'un gnon.)
   Marseille danse,
Ça s'écroule à Toulon ;
   Digne, en cadence,
Saute, sans violon.
    Un', deux !
  Le ciel est rouge ;
    Le sol bouge.
    Un', deux !
Nous nous fichons bien d'eux !

Nice et ses orangers,) *Bis.*
Hélas ! sont dérangés.)
   Aix, tu tressailles.
C'est pas Ménilmontant,
   Lille et Versailles
Qu'en pourraient dire autant !
    Un', deux !
  Le ciel est rouge ;
    Le sol bouge.
    Un', deux !
Nous nous fichons bien d'eux !

Chez les gens du Midi, } Bis.
On a le cœur hardi.
   Chantons ensemble ;
Frères, rassurez-vous :
  La terre tremble ;
C'est qu'elle a peur de nous !
    Un', deux !
  Le ciel est rouge !
   Le sol bouge.
    Un', deux !
Nous nous fichons bien d'eux !

26 février 1887.

A MON AMI PAUL MARROT.

FILLE D'OUVRIERS

> « Cependant, le contre-maître a avoué tous les faits dont il est accusé ;..... séparé de sa femme, il ne se contente pas de vivre maritalement avec une autre, il a encore pour maîtresse attitrée une jeune fille de vingt ans, travaillant dans ses ateliers. » — *Cri du peuple.*
> (*Le scandale de Saint-Denis.*)

Pâle ou vermeille, brune ou blonde,
   Bébé mignon,
Dans les larmes, ça vient au monde,
   Chair à guignon.
Ébouriffé, suçant son pouce,
   Jamais lavé,

Comme un vrai champignon, ça pousse,
    Chair à pavé.

A quinze ans, ça rentre à l'usine,
    Sans éventail,
Du matin au soir, ça turbine,
    Chair à travail.
Fleur de fortifs, ça s'étiole.
    Quand c'est *girond*,
Dans un guet-apens, ça se viole,
    Chair à patron.

Jusque dans la moelle pourrie,
    Rien sous la dent.
Alors, ça rentre « en brasserie »,
    Chair à client.
Ça tombe encor : de chute en chute,
    Honteuse, un soir,
Pour deux francs, ça fait la culbute,
    Chair à trottoir.

Ça vieillit et plus bas ça glisse ;
    Un beau matin,
Ça va s'inscrire à la police,
    Chair à roussin ;
Ou bien, « sans carte », ça travaille,
    Dans sa maison ;
Alors, ça se fout sur la paille,
    Chair à prison.

D'un mal lent souffrant le supplice,
    Vieux et tremblant,

Ça va geindre dans un hospice,
  Chair à savant.
Enfin, ayant vidé la coupe,
  Bu tout le fiel,
Quand c'est crevé, ça se découpe,
  Chair à scalpel.

Patrons ! tas d'héliogabales !
  D'effroi saisis,
Quand vous tomberez sous nos balles,
  Chair à fusils,
Pour que chaque chien, sur vos trognes,
  Pisse, à l'écart,
Nous leur laisserons vos charognes,
  Chair à Macquart !

27 février 1887.

A MON AMI GEORGES LEFÈVRE.

LES BRAILLARDS

(Opinion d'un titi.)

Air : *Il faut r'mercier l' bon Dieu d' tout.*

Quoique ignorant, je l' proclame,
Les braillards m' font déballer :
En général, quand on brame,
C'est parc' qu'on n' sait pas parler.
Quand un, qui veut s' faire élire,
Hurle et braille tant et plus ;
J' suis toujours tenté d' lui dire :
Tais ta gueule, ou j' m'asseois d'ssus ! *(bis)*

Chez les p'tits cabots d' banlieue,
I's beugl'nt comme à l'abattoir.
L' dimanch', quand on fait la queue,
On les entend d' d'ssus l' trottoir.
Quand j'en vois un qui s'emballe,
En dépit des gens cossus,
Je m' lève et j' lui cri' d' ma stalle :
Tais ta gueule, ou j' m'asseois d'ssus ! (*bis*)

Dans les réunions publiques,
On entend plus d'un gueulard
Défendre les faméliques,
Avec un ventr' gras à lard.
C'est recherché dans sa mise ;
Ça s' pay' mêm' des pardessus
Et ça parl' des pauv's sans ch'mises !
Tais ta gueule, ou j' m'asseois d'ssus ! (*bis*)

Elle approch', la fin des guerres ;
Que les rois l' désir'nt ou non,
Tous les peup's, dev'nus des frères,
Diront, un jour, au canon :
« J'en ai soupé, d'. tes conquêtes ;
Tes boulets, j'en ai trop r'çus ;
Mon vieux canon, tu m'embêtes ;
Tais ta gueule, ou j' m'asseois d'ssus ! » (*bis*)

Des exploiteurs la sal' bande
Vous dit : « Nous n' somm's pas égaux :
L' patron doit manger la viande ;
L'ouvrier, les haricots. »

Bourgeois, bien à tort, tu t' vantes ;
Tes haricots, n'en faut plus !
Mang' les, puisque tu les *rentes !*
Tais ta gueule où j'm'assoois d'ssus ! (*bis*)

28 février 1887.

A MON AMI ÉDOUARD DAVERTUS.

LA CHANSON DE L'HOMME DE PEINE

Air : *la Chanson du roulier* (Renaud)

Par tous les temps : froid, pluie ou vent,
   Voyez l'homme de peine
Marcher, marcher, courbé devant
   La voiture qu'il traîne.
Pour manger l'avoine au patron,
Il trime comme un percheron,
   Eh ! hue ! dia ! ho !
Entendez-vous l'essieu crier,
   Sur le gravier ?
Tire, Prolo (*bis*), pauvre ouvrier !

Homme perdu dans le troupeau
   Des bêtes d'écurie ;
Le harnais lui meurtrit la peau ;
   Le cocher l'injurie ;
Le malheureux, par ses travaux,
Fait concurrence à ses chevaux !
   Eh ! hue ! dia ! ho !
Entendez-vous l'essieu crier,
   Sur le gravier ?
Tire, Prolo (*bis*), pauvre ouvrier !

Bien qu'il travaille comme un chien,
De l'aube à la nuit noire,
Trop souvent, il ne trouve rien,
Hélas! dans la mangeoire.
Ventre vide, le lendemain,
Il refait le même chemin.
Eh! hue! dia! ho!
Entendez-vous l'essieu crier,
Sur le gravier?
Tire, Prolo (*bis*), pauvre ouvrier!

Comme un lent escargot, tirant
Sa pesante demeure,
Il va, va, pauvre Juif-Errant,
Va, jusqu'à ce qu'il meure.
Quand il tombe dans le brancard,
L'hospice lui sert de Macquart.
Eh! hue! dia! ho!
Entendez-vous l'essieu crier,
Sur le gravier?
Tire, Prolo (*bis*), pauvre ouvrier!

1er mars 1887.

A MON AMI ERNEST GERNY.

LES GIBOULÉES

L'Hiver, long comme un jour sans pain,
Avec le Printemps se querelle;
Aux mains des passants, le pépin,
Soudain se transforme en ombrelle.

Le soleil flambe dans les cieux
D'où l'eau s'échappait tout à l'heure :
Mars, c'est le mois capricieux ;
C'est Jean-qui-Rit et Jean-qui-Pleure.

Vous qui comptez sur l'Avenir,
Prenez garde aux heures troublées;
Votre ciel bleu peut se ternir :
Voici venir les Giboulées!

Heureux fiancés, dont le ciel
Montre la plus petite étoile,
Craignez que la lune de miel
Sous un nuage ne se voile.
L'Amour est une tendre fleur
Qui se plaît dans le Matin rose;
Penchant sur sa tige, elle meurt,
Lorsqu'avec des pleurs, on l'arrose.

Vous qui comptez sur l'Avenir,
      Etc., etc.

Vil renégat, traître éhonté ;
Vous, dont le Pouvoir est la cible ;
Toi, conseiller; toi, député ;
Toi, sénateur inamovible ;
Il est patient, il est bon,
Ce fier Peuple, que l'on dénigre;
Mais, parfois, il change de ton,
Et l'agneau, soudain, devient tigre.

Vous qui comptez sur l'Avenir,
      Etc., etc.

D'autres t'appellent l'inconstant
Et sur toi lancent l'anathème.
Mars, dans la Plèbe, l'on t'attend ;
Le pauvre te désire et t'aime.
Après le soleil, tombe l'eau ;
Financiers, crevant de fortune,
Exploiteurs, gare au populo :
Mars est le mois de la Commune !

Vous qui comptez sur l'Avenir,
Prenez garde aux heures troublées ;
Votre ciel bleu peut se ternir :
Voici venir les Giboulées !

2 mars 1887.

A MON AMI MIVIELLE.

LE CANDIDAT

« Les réactionnaires perdent
deux sièges. Dans l'Aveyron et
dans les Basses-Pyrénées, les
deux candidats républicains in-
colores sont élus. »
(Cri du peuple. — Les Élections de dimanche.)

Air : *Mad'moiselle, écoutez-moi donc !*

Avant l'élection

LE CANDIDAT

Électeur, écoutez-moi donc !
J' voudrais bien vous r'présenter à la Chambre ;
Électeur, écoutez-moi donc !
J' voudrais bien siéger au Palais-Bourbon.

L'ÉLECTEUR

Non, monsieur, je n' vous écout' pas !
Vous m'rasez comm'ça, depuis l'mois d'décembre ;
Non, monsieur, je n' vous écout' pas !
A me suivre ainsi vous perdez vos pas.

LE CANDIDAT

Électeur, écoutez-moi donc !
Au nom d' l'État, je tap'rai sur l'Église ;
Électeur, écoutez-moi donc !
J'en réclamerai la séparation.

L'ÉLECTEUR

Non, monsieur, je n' vous écout' pas !
Cett' séparation m' fut déjà promise :
Non, monsieur, je n' vous écout' pas !
De tout's ces promess's, à la fin, j' suis las.

LE CANDIDAT

Électeur, écoutez-moi donc !
J' lutt'rai vaillamment pour tout's les réformes ;
Électeur, écoutez-moi donc !
J' suis pour la liberté de réunion.

L'ÉLECTEUR

Non, monsieur, je n' vous écout' pas !
Des progrès? D'aut's m'en ont promis d'énormes !
Non, monsieur, je n' vous écout' pas !
Pourtant les abus sont encore en tas.

LE CANDIDAT

Électeur, écoutez-moi donc !
Je ferai marcher vot' petit commerce :

Électeur, écoutez-moi donc !
D'un bureau d' tabac je vous ferai don.

L'ÉLECTEUR

Non, monsieur, je n' vous écout' pas !
Des mêm's boniments toujours on me berce ;
Non, monsieur, je n' vous écout' pas !
J' gob' p'us la carott' des bureaux d'tabac.

LE CANDIDAT

Électeur, écoutez-moi donc !
Si vous me nommez, j' vous donn'rai ma fille.

L'ÉLECTEUR

Tu m' canul's, espèce d' crampon !
Pour avoir la paix, v' là ton élection !

Après l'élection

L'ÉLECTEUR

Candidat, écoutez-moi donc !
A présent que vous fait's partie d' la Chambre,
Candidat, écoutez-moi donc !
Faut t'nir vos promess's d'avant l'élection.

LE CANDIDAT

Non, monsieur, je n' vous écout' pas !
Car, du Parlement, maint'nant, je suis membre ;
Non, monsieur, je n' vous écout' pas !
A me suivre ainsi vous perdez vos pas.

L'ÉLECTEUR

Candidat, écoutez-moi donc !
Pour l'État vous d'viez lutter contr' l'Église ;
Candidat, écoutez-moi donc !
Vous d'viez réclamer leur séparation.

LE CANDIDAT

Non, monsieur, je n' vous écout' pas !
Car, bien à tort, je vous l'avais promise ;
Non, monsieur, je n' vous écout' pas !
J'ai changé d'avis, comme saint Thomas.

L'ÉLECTEUR

Candidat, écoutez-moi donc !
Vous deviez lutter pour tout's les réformes ;
Candidat, écoutez-moi donc !
Vous deviez d'mander le droit d' réunion.

LE CANDIDAT

Non, monsieur, je n' vous écout' pas !
Des progrès? c'est vrai qu'j'en promis d'énormes
Non, monsieur, je n' vous écout' pas !
Car le Pouvoir fut mon chemin d' Damas.

L'ÉLECTEUR

Candidat, écoutez-moi donc !
Vous d'viez fair' marcher mon petit commerce ;
Candidat, écoutez-moi donc !
D'un bureau d' tabac, vous m' deviez fair' don.

LE CANDIDAT

Non, monsieur, je n' vous écout' pas !
Par le mêm' refrain, faut bien qu'on vous berce ;
Non, monsieur, je n' vous écout' pas !
Pour mes proch's, je gard' le bureau d'tabac.

L'ÉLECTEUR

Candidat, écoutez-moi donc !
Vous m'aviez promis d' me confier vot' fille...

LE CANDIDAT

Tu m' canul's, espèc' de crampon !
Fallait pas m' donner la députation !

8 mars 1887.

A MON AMI VICTOR DALLE.

LA LÉGENDE DU CHIFFONNIER

Air du *Juif-Errant*

Promenant sa lanterne,
Sa hotte et son crochet ;
Piquant, dans la nuit terne,
L'ordure et le déchet ;
Le Temps erre, à pas lents,
Depuis mille et mille ans.

Auprès du patriarche
Et suivant tous ses pas,
Le Progrès lui dit : « Marche !
Et ne t'arrête pas !

Fouille, vieux chiffonnier,
Pour remplir ton panier !

Va, sans cesse ; ramasse,
Sans peur et sans dégoût,
Ce que, sur terre, amasse
D'objets bons pour l'égout
Ta putréfaction,
Civilisation !

Vois ; cette pourriture,
C'est la Société.
Regarde, cette ordure,
C'est la Propriété.
Là, cette infection,
C'est la Religion.

Approche ta lanterne ;
Ce que tu vois briller
Ici, c'est la Caserne ;
Là-bas, c'est l'Atelier :
Ici, viande à canon ;
Là-bas, viande à patron.

Quel métal flambe et crie,
Heurté par ton crochet ?...
Vois, c'est la Monarchie ;...
Enlève ce hochet !
Prince, roi, pape ou czar,
Pique, pique au hasard !

A la hotte ! à la hotte !
Tous, en un tour de main...
Mais que vois-je, qui flotte,
Là-bas, sur le chemin ?...
Pour mieux voir ce lambeau
Amène ton flambeau...,

Éclaire; fouille, fouille !...
Là, pique !... Qu'est-ce enfin ?
Halte ! c'est la dépouille
D'un pauvre, mort de faim !
Cette loque d'azur,
C'est le drapeau futur ! »

4 mars 1887.

A MON AMI ALBERT DELPIT.

LE GRISOU
(Ronde pour les petits des mineurs.)

Air : *Il court, il court, le furet...*

Il court, il court, le grisou.
Le méchant grisou des mines ;
Il court, il court, le grisou.
Nos parents sont dans le trou.

Des gamins et des gamines
Il est le vrai loup-garou.

Il court, il court, le grisou,
Le méchant grisou des mines ;
Il court, il court, le grisou.
Nos parents sont dans le trou.

Embusqué dans les ravines,
Il guette comme un hibou.

Il court, il court, le grisou,
Le méchant grisou des mines ;
Il court, il court, le grisou.
Nos parents sont dans le trou.

Noir épervier des ruines,
Soudain il vous prend au cou.

Il court, il court, le grisou,
Le méchant grisou des mines ;
Il court, il court, le grisou.
Nos parents sont dans le trou.

Bien mieux que les carabines,
Il vous tue, et d'un seul coup.

Il court, il court, le grisou,
Le méchant grisou des mines ;
Il court, il court, le grisou.
Nos parents sont dans le trou.

Chez les voisins, les voisines,
Il sème la Mort partout.

Il court, il court, le grisou,
Le méchant grisou des mines ;
Il court, il court, le grisou.
Nos parents sont dans le trou.

Il brise, dans les chaumines,
Le bonheur, comme un joujou.

Il court, il court, le grisou,
Le méchant grisou des mines ;
Il court, il court, le grisou.
Nos parents sont dans le trou.

Il provoque les famines
Et prend jusqu'au dernier sou.

Il court, il court, le grisou,
Le méchant grisou des mines ;
Il court, il court, le grisou.
Nos parents sont dans le trou.

Il fait dire aux orphelines,
Comme aux orphelins itou :

Il court, il court, le grisou,
Le méchant grisou des mines ;
Il court, il court, le grisou.
Nos parent sont dans le trou.

5 mars 1887.

A MON AMI BASLY.

LE MINEUR

Martyr du Prolétariat,
Le mineur, c'est le Paria
   De la Terre.
Il sait qu'enfanté dans les pleurs,
Il doit être un souffre-douleurs
   Sur la Terre.

Tout comme un riche, il a du sang,
Pourtant, sans murmure, il descend
    Sous la Terre.
Il a soif d'azur, de grand air;
Cependant il vit comme un ver :
    Dans la Terre.

De l'heure où commence à rougir
Le soleil, qui semble surgir
    De la Terre,
Où la lune, pâle, s'éteint;
De l'heure où chante le matin,
    Sur la Terre,
Jusqu'à l'heure où vers le couchant,
Le soleil tombe, au bout du champ,
    Sous la Terre,
Auprès de sa lampe Davy,
Le noir mineur respire et vit
    Dans la Terre.

Souvent, férocité du Sort!
Une clameur sinistre sort
    De la Terre.
Alors, des mères, des marmots
On entend rouler les sanglots
    Sur la Terre.
C'est l'insatiable grisou
Qui, dans de la chair, fait son trou
    Sous la Terre.
Le mineur, près de son flambeau,

Lui-même a creusé son tombeau
　　　Dans la Terre.

Les mangeurs d'hommes cuits et crus,
Les parasites, les ventrus
　　　De la Terre,
Les morts vous donnent rendez-vous...
Pour mieux entendre, couchez-vous
　　　Sur la Terre.
Percevez-vous ce grand bruit sourd,
Ce tonnerre étouffé qui court
　　　Sous la Terre ?...
Tremblez !... C'est le grisou final !...
Écoutez pousser Germinal
　　　Dans la Terre !...

6 mars 1887.

A MON AMI ÉDOUARD NORÈS.

POCHARD ET CÉSAR

Minc' de vent ! si ça continue,
J'arriv'rai pas au Panthéon.
Tiens, tiens, mais j'ai pas la berlue !
V'là la colonne à Poléon.
En costum' d'emp'reur, minc' d'épates !
Qu'é' qu' tu fais là-haut, eh ! flémard ?...
T'as donc peur qu'on t' march' su' les pattes ?
　　　Whuit !... Ici, César !...

Tu réponds pas quand on t'appelle ?...
Alors, César est pas ton nom ?...

T'es p't-êtr' ben le chien d' Jean d' Nivelle?...
Descends donc, j' te paye un canon!...
Du bon, pas du broc, d' la bouteille.
Tu dois pas cracher su' l' nectar :
Les canons, ça t' connaît, ma vieille;
　　　　Whuit!... Ici, César!...

Non?... Tu veux pas v'nir?... A ton aise!...
Soul'ment t'as tort de fair' ton fier :
Nous somm's tous de l'armé' française;
Aujourd'hui, c'est pas comme hier.
Quand tu régnais, t'avais une bande
De courtisans derrièr' ton char;
A présent, c'est nous qui commande...
　　　　Whuit!... Ici, César!...

T'as beau êtr' su' eun' plac' publique,
En haut d'un mirliton guerrier,
Maint'nant qu' nous sons en République,
Ma casquett' vaut bien ton laurier!
Pourquoi qu' tu port's un' rob' de chambre?
Pour te garantir du brouillard?...
Pourtant ça t' connaît, l' mois d' décembre...
　　　　Whuit!... Ici, César!...

C' que j' te dis là, c'est pour de rire;
J' sais ben qu' tu peux pas t'en aller :
Nous somm's pas sous l' premier Empire;
Pour toi pus moyen d' rigoler.
Jadis, dans un' boît', comme un' chienne,
T'avais mis la France au rancart;

Maint'nant, c'est toi qu'es à la chaîne !...
        Whuit !... Ic', César !...

Par toi l'Europ' fut a. imée ;
Des Peup's, tu fus l'épouvantail...
Mais aujourd'hui, not' grande armée,
C'est cell' des héros du Travail.
Si Mars revient et qu'on t'harponne,
Tu t' cass'ras l' nez, j' te l' dis sans fard...
On t' criera, d'en bas d' la Colonne :
        « Whuit !... Ici, César !... »

7 mars 1887.

À MON AMI OSCAR MÉTÉNIER.

LA CHANSON DES POLICIERS

> « Georges Ducrot, l'assassin de la rue de Trévise, est arrêté. Arrêté n'est pas le mot propre... et il est probable qu'on l'aurait encore cherché en vain, s'il n'avait jugé à propos de se livrer lui-même à la justice. »
> Cri du peuple.

AIR : *La grosse caisse sentimentale.*

Sur les trottoirs de notre capitale,
    De Grenelle à Bercy
    Et d' Charonne à Passy,
Aux Butt's-Montmartre, à Montrouge, à la Halle,
    Sur les quais, sur les ponts,
    Partout, nous nous prom'nions.
        Pauvres policiers,
        Nous fouillons les quartiers
            Où pullule
            La crapule.

Partout nous fur'tons;
Pour rien nous turbinons :
Tant plus qu' nous en cherchons,
Tant moins qu' nous en trouvons.

Dans notre espoir toujours déçus,
Au moment de mettr' la main d'ssus,
Par un regrettable hasard,
Nous arrivons toujours trop tard!
Nom d'un pétard!

Quand, dans Paris, il se commet un crime,
Pour trouver l'assassin,
Nous nous mettons en ch'min.
On se déguise; au besoin l'on se grime.
En route! nous filons
Comm' des colimaçons.
Du vil criminel
On entoure l'hôtel,
Puis on entre
Dans son antre,
On fait demander
L' patron, qui, sans trembler,
Vous dit : « J' suis désolé,
Mais i' vient d' s'en aller! »

Dans notre espoir toujours déçus,
Au moment de mettr' la main d'ssus,
Par un regrettable hasard,
Nous arrivons toujours trop tard!
Nom d'un pétard!

On s' fait blaguer par tous les journalistes,
  Par tous les sal's fourneaux
  Qu'écriv'nt dans les journeaux ;
On cherche en vain, on s'embrouill' dans les pistes ;
  Quinz' jours, trois s'main's, un mois,
  On cherch' mêm' sur les toits.
    N'import' ! le lend'main
  On repart, quand soudain,
    En cachette,
    L'air très bête,
  L' chef de la Sur'té,
  Vous dit, très épaté,
  Qu' l'assassin, embêté,
  S'est lui-même arrêté.

Dans notre espoir toujours déçus,
Au moment de mettr' la main d'ssus,
Par un regrettable hasard,
Nous arrivons toujours trop tard,
  Nom d'un pétard !

8 mars 1887.

A MON AMI VIALLA.

POUR LA GRÈVE !

A tous les travailleurs de France

Air des *Pins* (de Pierre Dupont).

Tous les esclaves du Chantier,
Tous les écorchés de l'Usine,

Tous les martyrs de l'Atelier,
Tous les enterrés de la Mine !
Ceux du dessus et d'en-dessous !
Alerte ! amis, on nous affame !
En chœur envoyez vos gros sous
Pour les petits et pour la femme !

Travailleurs ! on vous tend la main !
Donnez toujours ! Donnez sans trêve !
Pour ceux qui souffrent de la faim,
Que le bronze se change en pain :
Le pain, c'est l'arme de la Grève !

La Grève, c'est le grand combat
Des rouges contre les livides,
Des poitrines où le cœur bat
Contre les poitrails qui sont vides,
C'est le combat où, pour lutter,
Le pauvre n'a pas de mitrailles :
Il lui suffit, pour résister,
D'un peu de blé dans les entrailles !

Travailleurs ! on vous tend la main !
Donnez toujours ! Donnez sans trêve !
Pour ceux qui souffrent de la faim,
Que le bronze se change en pain :
Le pain, c'est l'arme de la Grève !

Donnez encore ! Donnez toujours !
Des liards, faites la récolte !
Cette farine, dans les fours,
C'est la poudre de la Révolte

Tire ta bourse, citoyen !
Celui qui bataille est ton frère ;
Ton gros sou, c'est un biscaïen
Qui tombe dans sa cartouchiè e !

Travailleurs ! on vous tend la main !
Donnez toujours ! Donnez sans trêve !
Pour ceux qui souffrent de la faim,
Que le bronze se change en pain ;
Le pain, c'est l'arme de la Grève !

9 mars 1887.

A MON AMI JULÈS JEANNIN.

INDEMNITÉ !

> « En cas de mort, une indemnité égale à deux années du salaire de l'ouvrier sera payée une fois pour toutes à sa veuve, mais sans que cette indemnité puisse dépasser 2,000 fr. »
>
> *Décision de la commission des projets de loi relatifs à la sécurité des ouvriers des usines et manufactures.*

Air : *Ça vous coup' la gueul' à quinz' pas !*

LA VEUVE

Depuis que le corps de mon pauvre mari
    Fut broyé par une machine,
Le fleuve des pleurs en mes yeux s'est tari ;
    La douleur m'a brisé l'échine.
    Mon teint vermeil s'est défraîchi ;
Mon front s'est ridé ; mes cheveux ont blanchi !

LA COMMISSION

Pour reteindre vos cheveux blancs,
Voici deux mille cinq cents francs.

LA VEUVE

Je gagne, en brodant, quinze à vingt sous par jour ;
  Comment vivre, avec cette somme ?
Payer le loyer de mon humble séjour ?
  Depuis la mort de mon pauvre homme,
  Je vis, pour apaiser ma faim,
De cinq sous de lait, avec trois sous de pain !

LA COMMISSION

Pour vous nourrir jusqu'à cent ans,
Voici deux mille cinq cents francs.

LA VEUVE

Parmi les splendeurs de l'immense cité,
  Pour chasser la misère infâme,
Je travaille ; hélas ! contre l'adversité,
  Que peut faire une triste femme !
  Je trime, en pleurant, nuit et jour,
Sous mon humble toit sans flamme et sans amour.

LA COMMISSION

C'est bien simple : On prend des amants.
Voici deux mille cinq cents francs.

LA VEUVE

Bûcheuse et n'ayant pas de grands appétits,
  J'irais encor', si j'étais seule ;

Mais il faut, hélas ! nourrir mes trois petits ;
>> Sans croûtes, les marmots, ça gueule !
>> Je les regarde dépérir ;

Me faudra-t-il donc tous trois les voir mourir !

>> LA COMMISSION

>> Fallait pas faire des enfants !
>> Voici deux mille cinq cents francs.

15 mars 1887.

Aux ouvriers de la maison Lecerf et Sarda.

LECERF ET SARDA

>> Air : *Prenez garde !* (La Dame Blanche.)

Voyez là-bas cette bâtisse
Où s'engouffrent des ouvriers.
Une insaisissable police
Surveille dans les ateliers.
De vos peines de chaque instant,
Travailleurs, ne parlez pas tant !
>> Prenez garde ! (*bis*)
La rousse à Lecerf vous regarde ! (*bis*)
La mouche à Sarda vous entend !
>> Prenez garde ! (*bis*)
Lecerf ou Sarda vous entend !

De l'aube jusqu'à la nuit sombre,
Toujours présent, jamais ailleurs,
Un œil, invisible dans l'ombre,
S'ouvre sur tous les travailleurs.
Une bouche va répétant ;

Une oreille, au mur noir se tend !
    Prenez garde ! (*bis*)
La rousse à Lecerf vous regarde (*bis*)
La mouche à Sarda vous entend !
    Prenez garde ! (*bis*)
Lecerf ou Sarda vous entend !

Pauvres ouvriers au front blême,
Chez vous, dehors, au *Cri*, partout,
Dans les rêves de la nuit même,
Le mouchard vous suit ; n'importe où.
Dans l'obscurité se postant,
Silencieux, il vous attend !
    Prenez garde ! (*bis*)
La rousse à Lecerf vous regarde ! (*bis*)
La mouche à Sarda vous entend !
    Prenez garde ! (*bis*)
Lecerf ou Sarda vous entend !

Patrons gavés, race opulente,
Le Peuple a trop lontemps pâti ;
La Revanche, bien que trop lente,
S'approche petit à petit.
Regardez, la voici pourtant
Elle viendra, quoique boitant.
    Prenez garde ! (*bis*)
La Conscience vous regarde (*bis*)
Et la Justice vous entend !
    Prenez garde ! (*bis*)
La Sociale vous attend !

13 mars 1887

A M. Albert Goulle.

LES INSULTEURS

Air : *Mad'moiselle, écoutez-moi donc !*

M'sieur un tel, écoutez-moi donc !
I' paraît qu' vous m'avez traité d' canaille ;
M'sieur un tel, écoutez-moi donc !
I' paraît qu' vous m'avez traité d' melon.

Non, monsieur, je n' vous écout' pas ;
Je n'ai pas le temps, il faut que j' m'en aille ;
Non, monsieur, je n' vous écout' pas ;
Faut qu' j'aill' me coucher, car je suis très las.

M'sieur un tel, écoutez-moi donc !
Vous avez dit que j'étais d' la police ;
M'sieur un tel, écoutez-moi donc !
Vous m'avez app'lé séid' de Gragnon.

Non, monsieur, je n' vous écout' pas ;
Il a g'lé c'te nuit et le pavé glisse ;
Non, monsieur, je n' vous écout' pas ;
J' peux pas m' retourner, i' fait du verglas.

M'sieur un tel, écoutez-moi donc !
J' viens vous d'mander raison de l'injure ;
M'sieur un tel, écoutez-moi donc !
Je viens vous d'mander un' réparation.

Non, monsieur, je n' vous écout' pas;
L' fleuret ou l'épé' ça vous défigure;
Non, monsieur, je n' vous écout' pas.
Dans un duel on peut trouver le trépas.

M'sieur un tel, écoutez-moi donc!
Quoique offensé, j' vous laiss' le choix des armes.
M'sieur un tel, écoutez-moi donc!
Sabre, pistolet, épée ou canon.

Non, monsieur, je n' vous écout' pas;
Tous ces engins-là, ça manque par trop d'charmes;
Non, monsieur, je n' vous écout' pas;
Fleuret, revolver, tout ça manqu' d'appas.

M'sieur un tel, écoutez-moi donc!
Je vais vous flanquer mon pied dans l' derrière.
. . . .

V'là l'objet; allez-y, mon bon :
J'ai mis un' cuirass' dans mon pantalon.

17 mars 1887.

À M. Albert Goullé.

RÉPONSE DU TINTAMARRESQUE

Sur l'air du *Bi du bout du banc*.

« Quant au tintamarresque Jules Jouy, qui sort ses yeux de grenouille et fait l'insolent Sur le bi, sur le bout, sur le bi du bout du banc, il est vraiment trop bouffon, pour que je le prenne au sérieux. »

Albert Goullé (homme grave).

Parol' d'honneur, c'est gondolant;
Sur le bi, sur le bout, sur le bi du bout du banc;

Albert trouv' que j' suis insolent,
Sur le bi, sur le bout, sur le bi du bout du banc.

I' m' répond en batifolant,
Sur le bi, sur le bout, sur le bi du bout du banc,
Qu' j'ai des yeux d' grenouille ou d' merlan,
Sur le bi, sur le bout, sur le bi du bout du banc.

Je sais bien qu' c'est désespérant,
Sur le bi, sur le bout, sur le bi du bout du banc;
Mais mes yeux, j' les tiens de mes parents,
Sur le bi, sur le bout, sur le bi du bout du banc.

I' sait que j' peux pas me battr' maint'nant,
Sur le bi, sur le bout, sur le bi du bout du banc;
Aussi faut voir c' qu'i' fait l' flambant,
Sur le bi, sur le bout, sur le bi du bout du banc.

N'import', faut pas qu'i' m' dédaign' tant,
Sur le bi, sur le bout, sur le bi du bout du banc;
Car j' peux l' corriger autrement,
Sur le bi, sur le bout, sur le bi du bout du banc.

J' vais lui donner exactement,
Sur le bi, sur le bout, sur le bi du bout du banc.
L'adresse, où je perche actuell'ment,
Sur le bi, sur le bout, sur le bi du bout du banc.

Faubourg Saint-D'nis, je demeur' cent,
Sur le bi, sur le bout, sur le bi du bout du banc,
Cinquant'-huit, dans un p'tit log'ment,
Sur le bi, sur le bout, sur le bi du bout du banc.

Albert n'a qu'à m'écrir' viv'ment,
Sur le bi, sur le bout, sur le bi du bout du banc,
Où je pourrai l' trouver sûr'ment,
Sur le bi, sur le bout, sur le bi du bout du banc.

Seul à seul, nous pourrons franch'ment,
Sur le bi, sur le bout, sur le bit du bout du banc,
Nous *expliquer* dans un p'tit champ,
Sur le bi, sur le bout, sur le bi du bout du banc.

Loin des sergots, très carrément,
Sur le bi, sur le bout, sur le bi du bout du banc,
J' lui bott'rai l' derrière, et sal'ment,
Sur le bi, sur le bout, sur le bi du bout du banc.

Qu'i' s' fass' faire un fond en fer-blanc,
Sur le bi, sur le bout, sur le bi du bout du banc,
J'ai l'intention d' taper rud'ment,
Sur le bi, sur le bout, sur le bi du bout du banc.

Quand j' y' aurai démoli l' fond'ment,
Sur le bi, sur le bout, sur le bi du bout du banc,
I' m' prendra « au sérieux » sûrem'nt,
Sur le bi, sur le bout, sur le bi du bout du banc.

18 mars 1887.

A mon ami John Labusquière.

LA CHANSON DES GIFLES

Air de *La Femme*.

Mon vieux John, c'est toi qu' j' veux chanter :
Permets-moi d' te féliciter

D' la gifle
Qu' t'as donnée, hier, au Goullé,
Pour sûr, i' n' doit pas rigoler
D' ta gifle.
Je suis tout d' mêm' bien ennuyé
De n'avoir pu, comm' toi, m' payer
Ma gifle.
En plac' v'là quéqu's couplets joyeux :
Un' chanson, parfois, ça vaut mieux
Qu'un' gifle.

Quand Goullé, d' trois hercul's flanqué,
Se sauve, après avoir flanqué
Sa gifle,
Moi je trouv' que c' drôl' d'animal,
N' mérit' mêm' pas qu'on s' donn' le mal
D'un' gifle.
Moi qui, pauv' chansonnier déçu,
N'ai jamais donné ni reçu
De gifle,
Je vais te dir' ce que j' ferais,
Si, dans ce cas-là, je r'cevais
Un' gifle.

Si, quéqu' lâch', dans son infection,
Me r'fusait tout' réparation
D'un' gifle ;
Un jour, le trouvant sur mes pas,
Pour sûr, je ne lui donn'rais pas
De gifle.

J' lui dirais, r'levant mon pal'tot :
« Tu vas m' rendr' raison aussitôt.
    D' ta gifle.
Mon vieux, baiss' toi pour m'embrasser
V'là mes aut's jou's ; viens effacer
    Ta gifle. »

20 mars 1887.

A Marinette.
L'ENTRÉE DU PRINTEMPS

« Le chevalier Printemps fait aujourd'hui son entrée. »

Air : *Le premier bouquet de lilas.*

Le Printemps débute :
Gare la culbute !
Prends gard', mon p'tit chou,
D' tomber dans un trou.
Suce ton réglisse,
Tiens-toi, car ça glisse.
Faut pas nous asseoir,
Tous deux, su' l' trottoir.

Dans les quartiers remplis de neige,
Allons ensemble à petits pas ;
L'hiver, enfin, a levé l' siège ;
T'nons-nous bien, il fait du verglas ! (*bis*)

V'là l' printemps qui rentre ;
Tiens-toi chaud le ventre.
Comm' le temps est doux !
Vit', rentrons chez nous !

L' soleil chass' la brume ;
V'là qu' j'attrape un rhume !
Adieu, l' temps des froids ;
J'ai l'onglée aux doigts.
Dans les quartiers remplis de neige,
Etc., etc., etc.

Adieu, la froidure !
J'attrape une eng'lure.
Voilà l' mauvais temps
Qui chasse les autans.
L'herb' pouss' dans la plaine ;
J'ai mon gilet d' laine.
Comm' le ciel est bleu !
Faut allumer l' feu.
Dans les quartiers remplis de neige,
Etc., etc., etc.

L' printemps vient de naître ;
Fermons la fenêtre.
Comm' le temps est bon !
Ajout' du charbon.
Douc' température !
R'mets un' couverture.
L' froid s'est débiné ;
J'ai la goutte au né.
Loin des quartiers remplis de neige,
Ensemble fêtons Cupidon.
L'hiver, enfin, a levé l' siège ;
Surtout n'oubli' pas l'édredon ! (*bis*)

23 mars 1887.

A MON AMI VICTOR MAROUCK.

LES INCONNUS

> « Les hommes de l'Hôtel-de-Ville
> étaient des inconnus ! »
> VICTOR MAROUCK.

Dans les grands courroux populaires,
Quand le lion enfin rugit,
Dur instrument de ses colères,
Une classe d'hommes surgit.
L'Histoire, lorsqu'on l'interpelle,
Ignore ces individus;
Dédaigneuse, elle les appelle :
    Les inconnus.

Pourtant, justiciers des cloaques,
Maigre bataillon décimé,
Ils sont les Gaudes et les Jacques,
Les martyrs de Juin et de Mai !
Plus braves qu'un Cid de Castille
Soldats sans poudre, héros nus,
Tout seuls ils ont pris la Bastille.
    Les inconnus !

Dans les massacres de la rue,
Étouffant la voix du canon,
Sur le pouvoir elle se rue,
La horde obscure des sans nom.
Troupeau sans chef, bande anonyme,
A l'improviste ils sont venus
Accomplir leur œuvre sublime,
    Les inconnus.

Des plus fameux ils ont la taille;
Ils pourraient être conquérants;
Cependant, après la bataille,
Humbles, ils rentrent dans les rangs.
Ils sont martyrs et pas apôtres;
Ils partent comme ils sont venus,
En laissant la récolte aux autres,
  Les inconnus.

De ces obscurs suivons l'exemple;
Sur leurs cadavres entassés.
Pas plus de bons dieux que de Temple :
Le peuple seul, et c'est assez !
A bas la statue ou le buste !
« Méfiance aux individus ! »
L'avenir tend sa main robuste
  Aux inconnus !

24 mars 1887.

A mon ami Félix Décori.

LES TROP CONNUS

Quand, furieux, le Populaire
Bondit, grondant sur les hauteurs,
Pour escamoter sa colère,
Surgit le troupeau des rhéteurs.
A ces fameux que l'on renomme,
Le peuple, aujourd'hui, ne croit plus;
Dans son ironie, il les nomme;
  Les trop connus.

Comme un corbeau sur un cadavre,
Révolte! ils fouillent dans ton flanc ;
En Septembre ils sont Jules Favre ;
En juin, Albert ou Louis Blanc.
Lorsque les pauvres sans-culottes,
Pour eux tombent, sanglants et nus,
Ils planent, dans leurs redingotes,
    Les trop connus.

Les victimes des hécatombes,
Quittez vos bières! Venez voir!
Les tribuns marchent sur vos tombes,
Pour escalader le Pouvoir.
De vos restes faisant litière,
Vautrés comme des parvenus,
Ils s'engraissent du Cimetière,
    Les trop connus.

Assez des passeurs de muscades!
Si, d'un autre Mars, l'astre luit,
Sans chefs, et sur ses barricades,
Le peuple se battra pour lui!
Assez d' « ancêtres »! plus d' « apôtres »!
Les dédaignés ne veulent plus
Tirer les marrons pour les autres :
    Les trop connus!

Allez-vous-en, les barbes blanches!
L'avenir n'aime pas les vieux ;
Pour le jour prochain des revanches,
Il nous faut des bras — et des yeux!

Assez des phrases à cymbales !
O Plèbe ! tes jours sont venus :
La poudre aux obscurs — et les balles
    Aux trop connus !

25 mars 1887.

A MON AMI JOACHIM DERRIAZ.

LA CHANSON DES NOURRICES

> « .... Ceux qui veulent se débarrasser de leurs nouveau-nés trouvent aisément des nourrices de la campagne et des sages-femmes qui les comprennent à demi-mot... »
>
> HENRI BAISSAC. — *Cri du peuple.*

AIR : *Hommes noirs, d'où sortez-vous ?*

Les mères, envoyez-nous
Vos chérubins, dans leurs langes ;
Car nous sommes les nounous,
Les belles faiseuses d'anges.
Notre lait est doux comme miel ;
Sitôt qu'on en boit, l'on s'envole au ciel.
Sorcières, préparant d'infects mélanges,
Des gosses en trop nous débarrassons.
    C'est nous qui fessons
    Et qui maigrissons
Les bébés fleuris, les gros nourrissons.

Pâle fille d'ouvrier,
Qu'un satyre a fait enceinte,
En cachette, à l'atelier,
Ne prends pas de fleurs d'absinthe.

LES CHANSONS DE L'ANNÉE.

Sans crainte, tu peux accoucher :
Car ton enfant, nous viendrons le chercher ;
Nous l'enverrons dans la céleste enceinte
Rejoindre tous ceux que nous nourrissons.
    C'est nous qui fessons
    Et qui maigrissons
Les bébés fleuris, les gros nourrissons.

    Bonne, ayant sous ton jupon,
    L'œuvre du bourgeois lubrique,
    Dépêche-nous ton poupon,
    Il mangera de la brique.
De gifles on le nourrira ;
Comme une chandelle, un jour, il mourra.
Des cadavres, nous sommes la fabrique,
La chair des petits, nous la pétrissons.
    C'est nous fessons
    Et qui maigrissons
Les bébés fleuris, les gros nourrissons

    Vous que le sort vient charger,
    Chez qui le marmot fourmille,
    Nous pouvons vous soulager
    Un peu de votre famille.
Qu'ils soient grands, petits, beaux ou laids,
Vos mômes en trop, envoyez-nous-les ;
Comme un vent d'hiver tuant la charmille,
Nous balayons tout, filles et garçons.
    C'est nous qui fessons
    Et qui maigrissons
Les bébés fleuris, les gros nourrissons.
   26 mars 1887.

A mon ami Charles Leroy.

LE TOUT PETIT GOBLET

« Une manifestation en l'honneur du 18 mars ne porte pas seulement atteinte à l'ordre public, elle blesse le sentiment de l'immense majorité des citoyens français. »

René Goblet. — *Discours ministériel.*

Air : *Il est un petit homme.*

Il existe un bout d'homme
Pas plus haut que les chiens,
  Dans Amiens.
Grave comme Prud'homme,
Lorsqu'il s'avance, tous
  Les toutous
 Viennent l'entourer
 Et puis le flairer,
Croyant voir un roquet,
  Rageur et laid,
  Il est complet
Le tout petit Goblet.

Bien qu'il porte culotte,
Qu'il ait des favoris
  Longs et gris,
Pas plus haut qu'une botte,
C'est plutôt un maillot
  Qu'il lui faut.

Sénile bébé,
Son crâne bombé
Réclame un bourrelet.
  Rageur et laid,
   Il est complet
  Le tout petit Goblet,

Moucheron de tribune
Il fait rébellion
   Au lion.
Insultant la Commune,
Il crache au nez des morts,
   Sans remords.
  Pourpre, furieux,
   Il roule des yeux
Comme Agar ou Dudlay.
  Rageur et laid,
   Il est complet
  Le tout petit Goblet.

Armé de la Censure,
Il fait le Jupiter.
   Son éclair
Croit faire une blessure ;
Prétendant mettre à mal
   Germinal,
  Il crie à Zola :
  « Monsieur, halte-là !
Vous êtes mon valet ! »
   Rageur et laid,

Il est complet
Le tout petit Goblet.

Bon géant populaire,
Va, montre-toi bénin
Pour ce nain.
Au jour de ta colère,
Sur son dos, n'abats point
Ton gros poing :
Au nez le pinçant,
Ce n'est pas du sang
Qui viendrait, mais du lait.
Rageur et laid,
Il est complet
Le tout petit Goblet.

27 mars 1887.

A MON AMI PAUL BUQUET

LA LOI SUR LES RÉCIDIVISTES

Considérée au point de vue de son influence morale
sur ceux qu'elle frappe.

LETTRE D'UN RÉCIDIVISTE A SA FAMILLE

Air des *Orphéonisses*.

Nous étions cent récidivisses,
Coupables de mille larcins,
Filous, souteneurs, assassins,
Escortés comm' de vrais minisses

Nous gagnions, d'un air déluré,
    Saint-Martin-de-Ré.
Tous installés dans l' train,
Afin d' nous mettre en train,
Nous chantions ce refrain,
    Comm' des artisses :
    Zut à Brest, à Toulon !
    Car le seul bagne où l'on
Rigole un peu, c'est le chic bagne où nous allons !
    Tralalalalala, lalalalala.
        Les colons d' Nouméa,
    Tralalalalala, lalalalala,
        Les colons, les voilà !
    Tralalalalala, lalalalala,
        Pour sûr qu'on s'y plaira !
    Tralalalalala, lalalalala,
        Et qu'on s'y mariera !

        Les récidivisses,
        Bravant les sévices,
        Rendront des services,
        A l'île de Pins.
        Roublards, pourris d' vices,
        Tous repris d'justice,
        Les récidivisses
        Sont d' fameux de lapins,
    Tralalalalala, lalalalala,
        Tralalalalala !
    Tralalalalala, tralalala, tralala, tralala,
        Lala, lalala !

« Qu'ils sont gais, ces récidivisses ! »
Disait la foule, sur les quais,
Lorsque nous fûmes débarqués.
Regardés comm' de vrais minisses.
Nous quittons d'un air déluré,
  Saint-Martin-de-Ré.
N'ayant pas l' pied marin,
Afin d' nous mettre en train,
Nous chantions ce refrain,
  Comm' des artisses :
  Zut à Brest, à Toulon !
   Etc., etc., etc.

En voyant les récidivisses,
Les condamnés qu'étaient déjà
Sous le beau ciel de Nouméa,
Nous r'cevant comm' de vrais minisses,
Firent retentir le pays
  De leurs joyeux cris.
Pick-pokect, assassin,
Postés sur notr' chemin,
Tout l' monde chantait ce r'frain
  Comm' des artisses :
  Zut à Brest, à Toulon !
   Etc., etc.

8 mars 1887.

A MON AMI BRYOIS.

LA CARMAGNOLE DES BUREAUX DE PLACEMENT

Air de la Carmagnole.

REFRAIN EN CHOEUR.

Dansons la Carmagnole !
 Démolissons ! (*bis*)
 Que l'diable patafiole
 La boîte avec les patrons !

LES GARÇONS BOULANGERS

Que d'mande un garçon boulanger ? (*bis*)
Un emploi, pour pouvoir manger. (*bis*)
 Voleurs, le jour viendra
 Ousque l'on vous mettra
 Un beau pain sur la hure ;
 Démolissons (*bis*)
 Escroc et devanture,
 La boîte avec les patrons !

(*Au refrain.*)

LES GARÇONS BOUCHERS

Que demande un garçon boucher ! (*bis*)
Ouvrage, pâture et coucher. (*bis*)
 Filous aux ventres ronds,
 Ce qu'nous vous servirons,
 C'est pas d'la *réjouissance*.
 Démolissons ! (*bis*)

Il faut que chacun danse,
La boîte avec les patrons !

(Au refrain.)

LES EMPLOYÉS LIMONADIERS

Que veulent les limonadiers? *(bis)*
Laveurs de vaisselle, officiers? *(bis)*
　Ne pas être roulés,
　Estampés et volés.
　A grands coups dans le ventre,
　　Démolissons! *(bis)*
　La bête dans son antre,
　La boîte avec les patrons !

(Au refrain.)

TOUS LES SANS-PLACE

Que demandent les meurt-de-faim? *(bis)*
Du travail pour gagner leur pain. *(bis)*
　Renversons les bureaux
　Où trônent nos bourreaux !
　Les sans-place, on nous berne.
　　Démolissons! *(bis)*
　L' voleur et la caverne,
　La boîte avec les patrons !

　Dansons la Carmagnole !
　　Démolissons! *(bis)*
　Que l' diable patafiole
　La boîte avec les patrons !

30 mars 1887.

A mon ami Alfred Suldac.

LE DROIT DU PLACEUR

(Récit d'une bonne sans place.)

> « J'ai pour spécialité de placer les femmes. Il est bien entendu que je ne place que celles qui ont passé dans ma chambre à coucher. »
>
> *Cri du Peuple.* — (Paroles d'un placeur du faubourg Saint-Antoine.)

Air : *Le Bureau de placement.*

Étant sans plac' pour le moment,
J'entre dans un bureau d' plac'ment.
L' patron m' dit : « Y' a qué'que chos' pour toi ;
    « Faut coucher avec moi. »

L' lend'main, au jour, je fil' sans retard.
Chez un petit rentier je sonne :
« I' paraît qu' vous cherchez un' bonne ? »
I' m' r'pond : « Vous venez trop tard ! »

Je retourne au bureau d' plac'ment ;
Le placeur me dit tendrement :
« Nous avons autre chos' pour toi ;
    « Faut coucher avec moi. »

L' lend'main, au jour, je fil' sans r'tard.
Chez un vieux garçon je m' présente :
« Paraît qu' vous cherchez un' servante ? »
I' m' répond : « Vous venez trop tard ! »

Je retourne au bureau d' plac'ment ;
Le placeur me dit tendrement :
« Nous avons autre chos' pour toi ;
  « Faut coucher avec moi. »

L' l'end'main, au jour, je fil' sans r'tard.
J'arrive chez un' vieill' rentière :
« Vous cherchez un' bonne à tout faire? »
Ell' m' répond : « Vous venez trop tard! »

Enfin, grâce au bureau d' plac'ment,
Je n'ai trouvé d' place aucun'ment ;
Mais j' viens d'accoucher d' deux marmots,
  Deux gros bébés jumeaux.

31 mars 1887.

A mon ami Lavy.

MARCHE DU PARTI OUVRIER

> « Le Parti ouvrier est assez fort,
> assez solidement organisé pour accepter
> la bataille, quel que soit le plan de
> campagne de ses ennemis. »
> John Labusquière, — *Cri du Peuple*.

Air : *Le midi bouge!*

REFRAIN

Un ! deuss !
Marchons ensemble ;

Le sol tremble.
Un' ! deuss !
Nous nous foutons bien d'euss !

En avant ! travailleurs ! ⎫
En dépit des railleurs ⎬ *Bis.*
   Sous la casquette,
Marchons, avec fierté,
   A la conquête
De notre liberté !

   (*Au refrain.*)

De l'audace ! ouvrier ! ⎫
Confisque l'atelier !   ⎬ *Bis.*
   Prends la Machine,
La Forge et les Marteaux ;
   Garde l'usine :
T'auras les capitaux !

   (*Au refrain.*)

Si tu veux ton bonheur, ⎫
Prends le blé, moissonneur ! ⎬ *Bis.*
   Fauche la paille
Pour en orner ton toit.
   Bûche et travaille,
Mais travaille pour toi !

   (*Au refrain.*)

Mineur, romps ton licol ! ⎫
Accapare le sol !   ⎬ *Bis.*
   Fouille et turbine ;

Mais garde les métaux !
Chipe la mine
Et t'auras les châteaux !
(*Au refrain.*)

Pauvre soldat trompé, ⎫ *Bis.*
Prolétaire dupé, ⎭
Vois et ne bouge,
Ou, sans cela, morbleu !
Pantalon rouge,
Gare au pantalon bleu !
(*Au refrain.*)

La bourgeoisie est là, ⎫ *Bis.*
Frappons-la ! Chassons-la ! ⎭
Peuple ! on te blouse !
Ouvre l'œil, endormi !
C'est sous ta blouse
Qu'est ton meilleur ami !

Un' ! d'euss !
Marchons ensemble ;
Le sol tremble.
Un' ! d'euss !
Nous nous foutons bien d'euss !

1er avril 1887.

A MON AMI EUGÈNE RIFFEY.

POISSON D'AVRIL

AIR : *On les pendra !*

Peuple crédule qu'on lanterne
Et qui coupe dans tous les ponts,

Allume un peu mieux ta lanterne ;
Tu démasqueras les fripons,
Les renégats et les capons.
Du candidat sur son affiche,
N'écoute plus le vain babil ;
Ses promesses, ce qu'il s'en fiche !
    Poisson d'avril ! (4 *fois*.)

Ce blagueur, afin qu'on l'élise,
Dans sa longue profession,
Voulait, de l'État, de l'Église,
Pour toujours, sans rémission,
Faire la séparation.
Candidat, il fit la promesse
D'envoyer le prêtre en exil ;
Honorable, il sert à la messe ;
    Poisson d'avril ! (4 *fois*.)

Cet effronté, pourri de vice,
De faire four ayant le trac,
Au villageois simple et novice
Sur son affiche, sans mic-mac,
Promet un bureau de tabac.
Pour un autre, garde ton vote,
Bon gogo, car ce bureau qu'il
Te promet, c'est une carotte :
    Poisson d'avril ! (4 *fois*.)

Ce troisième, dans ses affiches,
Sur un ton protecteur et fier,

Promet aux électeurs godiches
Un grand canal, un port de mer,
Des routes, un chemin de fer.
Conclusion accoutumée :
Le pays n'a pas même un fil ;
Le raillway s'envole en fumée :
  Poisson d'avril ! (4 *fois*.)

Bon peuple, à Lille comme à Tarbes,
Ne crois plus aux politiqueurs ;
Imberbes ou bien vieilles barbes,
Forts en paroles, mais traqueurs.
Tous les tribuns sont des truqueurs,
De grands mots ils tiennent boutique ;
Un jour, quand t'auras un fusil,
Tire dessus la politique :
  Poisson d'avril ! (4 *fois*.)

2 avril 1887.

Aux fusillés.

LES RAMEAUX
Air des *Rameaux* (de Faure).

Peuples, gardons nos rameaux et nos fleurs
Pour les vaincus, martyrs de la défaite.
Sur leurs tombeaux, allons verser des pleurs,
Car du Calvaire ils ont gravi le faîte.
Dévots, chantez, chantez en chœur ;
Que notre voix à votre voix réponde :
  Hosanna ! Honte au vainqueur !
Gloire au vaincu qui lutta pour le monde !

Ils dorment là, sans marbres et sans croix,
Héros en blouse et Bayards de la rue ;
Saluons-les : ils sont morts pour nos droits ;
L'aube future en eux est apparue.
Dévots, chantez, chantez en chœur ;
Que notre voix à votre voix réponde :
    Hosanna ! Honte au vainqueur !
Gloire au vaincu qui tomba pour le monde !

Réveille-toi, grand Peuple universel !
Si tu le veux, ton avenir commence.
Que tes drapeaux s'unissant, sous le ciel,
Brillent aux yeux ainsi qu'un arc immense.
Peuples, chantez, chantez en chœur ;
Que votre voix à notre voix réponde :
    Hosanna ! Gloire au vainqueur !
Gloire à celui qui vient venger le monde !

5 avril 1887.

A MON AMI JULIEN SERMET.

BAFFIER

> « J'ai voulu donner un coup de
> dard dans le Parlementarisme. »
> (Paroles de Baffier au juge d'instruction.)

Air : *Prenez garde !* (*La Dame blanche.*)

  Voyez là-bas ce fier domaine,
  Chambre de Judas, d'imposteurs ;
  Les élus, toute la semaine,
  Y trahissent les électeurs.

Vils renégats vous démentant,
Le sort de Casse vous attend !
  Prenez garde ! (*bis*)
Que chacun d'entre vous se garde !
Le peuple en courroux vous regarde !
Le peuple indigné vous entend !
  Prenez garde ! (*bis*)
Un autre Baffier vous entend !

Lâches qui, lorsqu'on nous pressure,
Réclamez de nouveaux impôts ;
Radicaux, devant la Censure,
Otant poliment vos chapeaux ;
Vous qu'on mène tambour battant,
Derrières tendus, vous postant,
  Prenez garde ! (*bis*)
Que chacun d'entre vous se garde !
Le peuple en courroux vous regarde !
Le peuple indigné vous entend !
  Prenez garde ! (*bis*)
Un autre Baffier vous entend !

Tribuns vidés, mangeurs de truffes ;
Vieux cabotins de la Prison ;
Jésuites rouges, Tartufes
Qui voulez garder la maison ;
Auprès des colosses d'antan,
Caricatures de Dantan,
  Prenez garde ! (*bis*)
Que chacun d'entre vous se garde !

Le peuple en courroux vous regarde!
Le peuple indigné vous entend!
  Prenez garde! (*bis*)
Un autre Baffier vous entend!

Ampoulés faiseurs de harangues;
Pîtres vils, dentistes hâbleurs,
Nous vous arracherons vos langues!
Nous étranglerons les parleurs!
Rouges déteints nous insultant,
Entendez-vous le flot montant?...
  Prenez garde! (*bis*)
Le peuple dupé vous regarde!
Le peuple trahi vous regarde!
Le peuple s'arme et vous entend!
  Prenez garde! (*bis*)
Un autre Baffier vous entend!

6 avril 1887.

A MON AMI ÉMILE MEURIOT.

OT' DONC TON CHAPEAU [1]!

AIR : *En r'venant d' Suresnes!*

Des gens à l'œil louche, au teint blême,
Se cach'nt la figure en marchant.
Quand j' les vois, je m' dis en moi-même :
« Celui-là doit être un méchant. »
Aussi lorsque je les rencontre,
Avec leur chapeau sur les yeux,

1. Meuriot, éditeur, 25, boulevard de Strasbourg. Paris.

En chantant ce refrain joyeux,
Sans crainte, aux passants, je les montre.

REFRAIN

Ot' donc ton chapeau !
Qu'on voy' ta trompette !
Pour qu'on voy' ta tête,
Ot' donc ton chapeau !
} *Bis.*

Quoiqu' gamin j' connais mon histoire,
J' veux pas blaguer les invalos,
Ces débris de notre ancienn' gloire ;
N'import', je les trouv' rigolos ;
Lorsque j'en rencontre à Grenelle,
De pauvr's vieux, manchots des deux bras,
J' m'amuse à leur chanter tout bas,
En marchant, sur c'te ritournelle :
   (*Au refrain.*)

Nos p'tit's gru's s' mett'nt sur la figure
Des chapeaux, au moins longs d' trois pieds,
Tout pleins d' légum's et d' fourniture,
Comm' l'étalage de nos fruitiers.
Là-dessous, d' la blonde ou d' la brune,
A pein' voit-on les yeux briller ;
Aussi je me mets à crier,
Quand, sur mon ch'min, j'en rencontre une :
   (*Au refrain.*)

Traitant la Franc' comme un' boutique,
D'vant les urnes, plus d'un pasquin,

Pour fair' sa fortun' politique
S' coiff' du bonnet républicain.
Mais l' peup', qui, d'puis trop longtemps casque,
Au vot', crie à ses faux amis :
« Y' a trop longtemps qu'on nous l'a mis ;
On te reconnaît, vilain masque ! »
    (*Au refrain.*)

Devant le mur du Pèr'-Lachaise,
D' la Commune insultant l' drapeau,
Un sal' typ', d'un' figur' mauvaise,
Sur sa têt' gardait son chapeau.
Voyant que devant la mort même,
L'effronté ne s' découvrait point,
Je le décoiffai d'un coup d' poing,
En lui criant, de colèr' blême :

  Salu' not' drapeau,
  Espèc' de sal' bête !   ⎫
  Pour qu'on voy' ta tête, ⎬ *Bis.*
  Ot' donc ton chapeau ! ⎭

8 avril 1887.

A MON AMI ALEXANDRE POTHEY.

LES ANTI-PROPRIÉTAIRES

AIR : *On les guillotinera, messieurs les propriétaires...*
         A. POTHEY.

REFRAIN

On les déménagera
Les malheureux locataires ;

On les déménagera ;
Le concierge en crèvera.

Vous qui n'avez pas d'argent,
Demandez, les pauvres hères,
L' coup d'épaule intelligent
Des antipropriétaires.
        (Au refrain.)

Honnêt's filles sans le rond,
Pâl's et tristes ouvrières,
Lugubre chair à patron,
Nous sauv'rons vos pauv's affaires.
        (Au refrain.)

Pauvres vieillards aux abois
Dont les fils sont militaires,
Appelez la cloch' de bois :
Elle sonn' pour tous nos frères.
        (Au refrain.)

Tristes veuves sans emploi,
Petits goss's restés sans pères,
A la barbe de la loi
Nous soulag'rons vos misères.
        (Au refrain.)

Vous qui rôdez sous le ciel
En r'gardant l'eau des rivières
De vos maqu'reaux maîtr'-d'hôtel
Nous défonc'rons les caf'tières.
        (Au refrain.)

Du rez-d'-chaussé' jusqu'en haut
Sur les pip'lets délétères
Nous cogn'rons et, s'il le faut,
Nous ouvrirons les portières.

On les déménagera,
Les malheureux locataires;
On les déménagera;
Le concierge en crèvera.

9 avril 1887.

A MON AMI HENRI RIVIÈRE.

IVROGNE ET SERGOT

« L'humanité peut bien chanceler
quand la divinité succombe. »
Alexis Pirox.

LE SERGOT

— V's êt's pas honteux, l' vendredi saint!
Allons, houp! Faut rentrer tout d'suite!

L'IVROGNE

— Mon agent, vrai, c' que t'es bassin!
V'là-t-y pas, pa'c' que j'ai ma cuite!

LE SERGOT

— Pas d' répliqu'! Faut vous en aller!
Du Christ vous insultez la tombe!

L'IVROGNE

— L'humanité peut bien chanc'ler
Quand la divinité succombe!

LE SERGOT

— Sal' rouge ! Vous sentez l' cervelas !
Vous v'nez d' boulotter d' la saucisse ?...

L'IVROGNE

— Dit's donc, l' trottoir aussi fait gras :
J' peux pas m' tenir, tell'ment ça glisse.

LE SERGOT

— Tâchez de n' pas vous étaler,
Ou j' vous fourre au bloc, nom d'un' bombe !

L'IVROGNE

— L'humanité peut bien chanc'ler
Quend la divinité succombe !

LE SERGOT

— De not' Sauveur ! cré nom de Dieu !
Ne riez pas du trépas sublime.

L'IVROGNE

— D' sa mort, on peut bien rire un peu :
Puisqu'a ressuscit', c'te victime !

LE SERGOT

— Marchez droit, ou ça va ronfler !...
Allons bon, maint'nant, v'là qu'i' tombe !...

L'IVROGNE (par terre).

— L'humanité peut bien chanc'ler
Quand la divinité succombe !

LES CHANSONS DE L'ANNÉE.

LE SERGOT
— L' post' vous servira d' traversin !...
On va vous passer au vinaigre !...

L'IVROGNE (criant).
— J' veux rentrer ! Quoiqu' vendredi saint,
I' faut pas qu' mon épous' fass' maigre !

LE SERGOT
(Le relevant, aidé par d'autres roussins.)
— Dis donc, t'a pas fini d' gueuler ?...
A pourra s' brosser, ta colombe !

L'IVROGNE
(Hurlant, pendant qu'on l'emporte.)
— L'humanité peut bien chanc'ler
Quand la divinité succombe !

10 avril 1887.

A MON AMI LÉOPOLD GANGLOFF.

LE CIMETIÈRE DES NAUFRAGÉS

> « ... Le steamer *Victoria*, capitaine
> Clark,... a sombré sur les écueils
> du cap d'Ailly... »

Dans un songe, une nuit entière,
Blême explorateur du néant,
J'ai visité le cimetière
Des inhumés de l'Océan.
J'ai vu les formes incertaines
De la nécropole des flots
Où sont couchés les capitaines
A côté de leurs matelots.

Lorsque, des morts, revient la fête,
Pensons tous au sépulcre amer
Des victimes de la tempête
Qui dorment au fond de la mer.

J'ai contemplé des sépultures
Dans la transparence des eaux,
Profilant d'étranges sculptures,
Œuvres d'on ne sait quels ciseaux.
Je me suis penché sur le gîte
Abritant l'éternel sommeil
De ceux que jamais ne visite
Le moindre rayon de soleil.

Lorsque des morts, revient la fête,
  Etc., etc., etc.

Sur le bois noir de croix modestes
J'ai lu des noms de passagers,
Mystérieux hommage aux restes
Des équipages naufragés.
J'ai pleuré devant l'humble tombe
Où gît l'héroïque pêcheur,
Soldat pacifique qui tombe
Sur l'Océan, son champ d'honneur.

Lorsque, des morts, revient la fête,
  Etc., etc., etc.

J'ai salué le mausolée
Taillé dans le marbre ou l'airain
Et la triste pierre isolée
Qui recouvre l'obscur marin,

J'ai vu la place où Lapérouse
Repose, immortel voyageur,
Près de ceux de quatre-vingt-douze,
Les grands trépassés du *Vengeur*.

Lorsque, des morts, revient la fête,
Pensons tous au sépulcre amer
Des victimes de la tempête
Qui dorment au fond de la mer.

17 avril 1887.

A MON AMI A. NUMÈS.

UNE NOUVELLE

— Tiens! v'là Chos'; toi qu'as d' la cervelle,
Devine un p'tit peu la nouvelle.
— Tu viens d'hériter d' ton papa?...
    — Non; c'est pas ça.
— Ta bell'-mère, avec toi, s' marie?...
T'as gagné l' gros lot d' la lot'rie?...
T'as fait sauter la banque à Spa?...
    — Non; c'est pas ça.
— Tu n'as pas l'air gai; je devine :
T'as p't-êtr' perdu ta pauv' Fifine?...
— T'es bêt'! j'aurais l'air plus content!...
    — J' trouv' pas; c't épatant!

— Voyons, cherch' donc mieux, eh! bélître!
Si tu trouves, j'te paye un litre.
— On t'offre un' loge à l'Opéra?...
    — Non; c'est pas ça.

— Les cochers d' fiacre, pleins d' vitesse,
Refus'ront avec politesse
Tous les pourboir's qu'on leur donn'ra ?...
   — Non ; c'est pas ça.
— J'ai d'viné ! dans l'ombr' tu t' faufiles :
On t' prend pour Gessler et tu files !...
— T'es bête ! je n' flân'rais pas tant !...
   — J' trouv' pas ; c't épatant !

— Devine, et j' te paye un' bouteille,
Une de la comète, un' vieille.
— Quoi ?... Les Turcs t'ont nommé pacha ?...
   — Non ; c'est pas ça.
— T'as soif de la gloire civile ?...
Tu t' présent's pour l'Hôtel-de-Ville !...
Comm' conseiller on t'élira ?...
   — Non ; c'est pas ça.
— T'ouvr's un concert où Paulus chante
Tous les soirs, pour trois francs cinquante ?...
— Moi ?... j'y' en donn'rais jamais autant !
   — J' trouv' pas ; c't épatant !

— Voyons, faut que j' m'en aill' ! Trouv' vite !
Chez Maire à dîner je t'invite.
— Ta légitim' t'a fait papa !...
   — Non ; c'est pas ça.
— T'hérit's de ton propriétaire ?...
C'est lui qui d'vient ton locataire !...
Au mois d' juillet on t' décor'ra ?...
   — Non ; c'est pas ça.

Allons! j'aim' mieux te l' dir' tout d' suite:
La Port' Saint-Denis est reconstruite;
On vient d' dégager l' monument!
— Ah! ça, c't épatant!

22 avril 1887.

A MON AMIE BONNAIRE.

EN REVENANT DE LA FOIRE

(Scène de la vie parisienne.)

Air : *En revenant de la revue.*

J' vais vous conter un' drôl' d'histoire :
Quatr' demoisell's de magasin,
Nous étions allé's à la Foire,
Avec chacune un p'tit voisin.
Pour célébrer la fêt' de Pâques,
Nous visitions tout's les baraques.
Tout le monde avait boulotté
Du pain d'épice en quantité.
   Vers les six heur's du soir,
   Nous r'venions su' l' trottoir.
V'là mon cavalier, tout à coup,
Qui prend ses jambes à son cou.
   L' voyant fuir comme un daim,
   Tous pris d'un mal soudain,
   Derrièr' lui, nous filons,
Pour ménager nos pantalons.

REFRAIN.

L'air abruti
N'ayant plus d'appétit,
En quête d'un pétit
　　Endroit propice;
　　L' cœur plein d'émoi,
Nous cherchions tous un toit
Afin de fuir la foi...
　　Re au pain d'épice.

Non loin du boulevard Voltaire,
Nous avisons un p'tit châlet.
La buraliss', d'un ton sévère,
Nous dit : « Arrêtez! c'est complet! »
Nous en cherchons d'autr's sur la place;
Partout on nous dit : « Y'a p'us d' place! »
D'endroits nous n'en trouvons aucun :
Toujours on nous dit : « Y'a quelqu'un! »
　　Chez tous les marchand's d' vin,
　　Nous cherchons, mais en vain.
Des cafés nous allons au fond :
« Y a du monde! » qu'on nous répond.
　　Partout, comm' des fourneaux,
　　Nous d'mandons des journaux.
　　Le garçon, inhumain,
Nous répond : « I's sont tous en main! »
　　　　(*Au refrain.*)

Ma foi, tant pis! Au fond d'un' rue,
Nous nous mettons en rang d'oignons.

Deux sergents d' ville, la min' bourrue,
Viennent nous traiter d' sal's cochons.
« Allons, houp! suivez-nous au poste! »
« C'est pas d' not' faut'! » qu'on leur riposte,
« Si not' ministre de la guerr'
En pain d'épice s'est fait fair'! »
    Nous passâmes la nuit,
    Dans ce triste réduit.
Le commissair', le lendemain,
Nous dit : « Keksekça! cré coquin!
    J' vous coll', cré nom de nom!
    Un' bonn' contravention! »
V'là c' que c'est que d' manger
Not' brav' général Boulanger!

    Voilà comment
  Nous fêtâm's nuitamment
  Pâqu's, dans un monument
    Pas très propice.
    Et c'est pourquoi,
  Le cœur rempli d'émoi,
  J'en ai plein l' dos d' la foi...
    Re au pain d'épice.

26 avril 1887.

A mon ami Napoléon Ney.

LE MOT DE CAMBRONNE

Ecrite par certains cafards,
L'Histoire, en prude, se déguise.

Ils lui couvrent la peau de fards,
La défigurant à leur guise.

Pour complaire au prêtre madré,
Qui, comme un gros matou, ronronne,
De cendres ils ont saupoudré
Le mot sublime de Cambronne.

Vils fourbes ! à la vérité
De quel droit mettez-vous un voile ?
Ignorez-vous que la Beauté
Gît dans la boue et dans l'étoile ?

Un mot gras, repoussant et laid,
Quand d'une bouche infâme il tombe,
Devient sublime, lorsqu'il est
Crié sur le bord de la tombe.

Va, Cambronne, ton cri survit ;
Un homme aux pensers vénérables :
Hugo, pour toujours, l'écrivit
Sur le grand mur des *Misérables*.

Historiens faux et pervers,
Ce mot, que votre plume efface,
La mienne, à son tour, dans des vers,
Va vous le cracher à la face !

. . . .

Le paysage est plein d'horreur ;
Le champ de bataille est farouche :
De Napoléon Empereur
Rouge sang, le soleil se couche.

Quel inoubliable tableau !
Le géant qui fut Bonaparte
Sur le tapis de Waterloo
A jeté sa dernière carte.

Hélas ! Grouchy n'est pas Desaix !
L'œil braqué sur un télescope,
César contemple ses Français
Luttant contre toute l'Europe.

Ils bravent l'ouragan de fer,
Les anciens de Quatre-vingt-treize !
Hélas ! ils ont le cœur d'hier,
Mais ils n'ont plus la *Marseillaise !*

Sous les coups du noir bûcheron,
Sa gloire tombe — comme un chêne.
Lors, César, avec un juron,
Hèle sa garde et la déchaîne.

Droite, sa garde, dans la Mort
Entre, sans baisser la paupière.
La mitraille, qui troue et mord,
Renverse les grognards de pierre.

Impassibles, les bataillons
S'écroulent, froids comme des marbres :
Ainsi, dans les bois, nous voyons,
Sous la hache, tomber les arbres.

Un seul encor reste debout ;
Partout l'ennemi l'environne ;

Mais il luttera jusqu'au bout,
Car, à sa tête, il a Cambronne.

Dans ses bras il tient l'étendard
Jouet des balles en furie.
Le chef ennemi, vieux soudard,
Pris de pitié, soudain lui crie :

« Pour sauver un vieil oripeau,
A quoi sert qu'un brave se perde !
Allons ! rends-nous donc ton drapeau ! »
Mais Cambronne lui répond : « Merde ! »

Waterloo, 28 avril 1887.

A MON AMI RAOUL SANSON.

ATTENDS ! JE VIENS !!

En ce bas monde, y'a des gob'-mouches
Qui coupent dans tous les bateaux.
Toutes les blagues qui tomb'nt des bouches,
I's aval'nt ça comm' des gâteaux.
Moi j'aim' pas les gens à ficelles ;
Leurs sal's trucs ne sont pas les miens.
J' leur-z-y-dis, comm' les gens d' Bruxelles :
    « Attends ! Je viens !! »

« Attends ! je viens !! » j' l'apprends aux gourdes,
Cela veut dire, mot à mot :
« Si tu crois que j' coup' dans tes bourdes,
Mon vieux, tu peux croquer l' marmot.

Moi j' réponds pas quand on m'appelle ;
Le sifflet c'est bon pour les chiens ;
Je m' caval', quand on m'interpelle :
  Attends ! Je viens ! ! »

Des blagues de la politique
Le peuple est d'puis longtemps saoûlé :
En monarchie, en république,
L' prolétaire est toujours roulé.
Le radical, sur son affiche,
Promet mill' chos's aux citoyens :
Mais, un' fois nommé, c' qu'i' s'en fiche !
  « Attends ! Je viens ! ! »

En dépit d' Bismark et d' sa bande
Chacun pense, dans la nation,
Qu'il faut d' l'hypocrisie all'mande,
Dédaigner la provocation.
Dans not' pays, sans qu'on s'endorme,
On a soupé des biscaïens ;
Les All'mands peuvent rager sous l'orme :
  « Attends ! Je viens ! ! »

Étant p'tit, j'étais très précoce
Et j' passais pour un garnement.
Dans l' ventre maternel, tout gosse,
Je parlais déjà couramment.
D' ma naissance égayant l' programme,
Quéqu' temps avant d' naîtr', dans Amiens,
Déjà j' disais à la sage'-femme :
  « Attends ! Je viens ! ! »

4 mai 1887.

A mon ami Paul Jouy.

ANDRÉ GILL

Fort comme un grand coq, droit perché
Sur ses larges ergots de pierre ;
Moustache noire en croc ; paupière
Où l'œil ne s'est jamais caché ;

Front qu'on voudrait empanaché
De quelque feutre à plume fière ;
Crayon d'or, comme une rapière,
Au poing rudement accroché.

Dur cliquetis : sa pointe larde
La sale meute reculiarde,
Qui, loin du justicier maudit,

S'enfuit — comme un vol d'oiseaux maigres.
Tout autour, le Peuple applaudit,
Amoureux des crayons intègres.

8 mai 1887.

A mon ami Benoît-Lévy.

LES OUVRIERS

Lorsque, robuste, à la tribune,
Monta le premier travailleur,
Le patron, crevant de fortune,
Le regarda d'un air railleur :

« Bourgeois, mes confrères, sans cause,
« Il ne faut pas nous effrayer;
« Près de nous, c'est si peu de chose,
 « Un ouvrier! »

Le gros patron reprit son somme;
Il vint un second travailleur.
Le bon bourgeois se dit : « En somme,
« Il faut voir cela sans terreur :
« Les exploiteurs, comme de juste,
« Auraient bien tort d'être effrayés;
« Avec le premier, ça fait juste
 « Deux ouvriers! »

Alors il en vint un troisième,
Quatre, cinq, six, sept, huit, neuf, dix.
Le capitaliste, tout blême,
Perdit sa morgue de jadis :
« Ma confiance diminue;
« Nous serons bientôt balayés!
« C'est rasant, quand ça continue.
 « Les ouvriers! »

Ça continuera, mangeurs d'hommes!
Ogres gorgés dans vos châteaux!
Vous serez troublés dans vos sommes
Les détenteurs des capitaux!
Quittant la fabrique ou la forge,
Ils se révoltent, les pillés!
Ils vous feront tous rendre gorge
 Les ouvriers!

Bourgeois tremblants, meute effarée,
Grévy, Buffet ou Clémenceau,
Faites des digues ! la marée
Emportera votre vaisseau !
Regardez : sur l'onde en démence,
Les vagues viennent, par milliers.
Tremblez ! C'est l'Océan immense
    Des ouvriers !

18 mai 1887.

A MON AMI ESCHBACH.

LA CHANSON DU SCIEUR DE LONG

Air : *Si ça n' fait pas suer !*

En sueur, la peau roussie,
    Sous l' soleil pesant,
Je songe, en poussant ma scie,
    Aux chos's d'à présent.
Dir' qu'un jour, faudra qu' j'engraisse
    Le sol carnassier !
La vie est un' sal' bougresse !
    Si ça n' fait pas scier ! (*bis*)

J'ai lu qué'qu' part qu'une « étoile »,
    Voulant gagner l' ciel,
Quittait l' peplum pour le voile,
    La scèn' pour l'autel.
Au lieu d' roug' se mettr' du plâtre,
    Afin d' s'émacier,

C'est toujours fair' du théâtre ;
    Si ça n' fait pas scier ! (*bis*)

Un' veinarde réussie
    C'est madam' Théo :
Ell' chant' tout just' comm' ma scie,
    Quoiqu'un peu moins haut.
Ell' gagne, à ses fioritures,
    Plus qu'un financier ;
Et moi j' gagn'... des courbatures !
    Si ça n' fait pas scier ! (*bis*)

J' possède un propriétaire,
    Vautour sans pitié.
Chaqu' soir, il prend un clystère
    D' la main d' sa moitié.
Moi, d' taper d'ssus ça m' démange,
    Quand j' vois c' créancier ;
Des deux côtés faut qu'i' mange !
    Si ça n' fait pas scier ! (*bis*)

Faudrait pas croir' que j' débine
    « Not' brav' Boulanger, »
Mais on voit trop sa bobine,
    Moi ça m' fait rager.
C'te réclam' n'est pas propice
    Au bel officier ;
On l' fait même en pain d'épice ;
    Si ça n' fait pas scier ! (*bis*)

D' connaître la vi' je m' vante :
    C'est rud'ment hideux ;

C'est une énorme charpente
Que l'on scie à deux.
L' premier ti.. et le s'cond pousse ;
L' bois tombe en poussier ;
Mais, à mesure, il repousse !
Si ça n' fait pas scier ! (*bis*)

21 mai 1887.

Aux grévistes belges.

LA GRÈVE NOIRE

Air : *D' la braise.*

Esclaves, de houille frottés,
Nègres des mines, qui luttez
Sans trêve ;
Bêtes qui, du maître au poing dur,
Tirez l'énorme bateau sur
La grève ;
Vous qui descendez, chaque jour,
Sous la terre, où, là-bas, le jour
Se lève ;
Ne vous rendez pas, amis, car,
Sachez-le bien, vous vaincrez par
La grève.

La grève est le drapeau du Droit ;
C'est l'homme sans arme, allant droit
Au glaive ;
C'est la lutte de l'indigent

Contre son exploiteur, mangeant
    La fève;
Travailleurs, croisez-vous les bras;
Pour que la bataille, ici-bas,
    Soit brève,
Laissant reposer les outils,
Arborez, devant les fusils,
    La grève.

Tous les mangés auront leur tour;
Le repas sanglant du vautour
    S'achève;
L'arbre grandit dans le péril;
Plus vous le coupez, et plus il
    S'élève.
Ces mitrailles, dans ce bassin,
C'est le spasme de l'assassin
    Qui crève;
Capital, mon vieux moribond,
Elle t'a donné le *charbon*
    La grève!

22 mai 1887.

A MON AMI VICTOR NADAL.

PALETRAVAILLEUR

Air: *Pâle voyageur!*

— Pâle travailleur, connais-tu le Jour?...
— Comme tout le monde, en naissant un jour,
Je devais trouver mon coin de lumière.

Et goûter aussi ma part de soleil.
Mais je n'ai trouvé que l'astre Misère ;
Elle m'a pâli mon beau sang vermeil.

— Pâle travailleur, connais-tu la Faim ?...
— Comme tout le monde, au bord du chemin,
Je devais manger mon pain sur la Terre
Et goûter aussi ma part de vin pur.
Mais je n'ai trouvé que le vin Misère,
Et l'ogre repu rogne mon pain dur.

— Pâle travailleur, connais-tu l'amour ?...
— Comme tout le monde, en venant au jour,
Je devais aimer quelqu'un sur la Terre
Et goûter aussi ma part de bonheur.
Mais je n'ai trouvé que Jeanne Misère ;
Elle m'a vidé la tête et le cœur.

— Pâle travailleur, connais-tu la Mort ?...
— Comme tout le monde, un jour, sans remord,
Je devais pourrir dans mon coin de terre
Et me transformer en fleurs sous le ciel.
Mais je n'ai trouvé que le trou Misère ;
Un grand lit d'hospice avec un scalpel.

23 mai 1887.

A MON AMIE THÉRÉSA.

LE PEUPL' S'AMUSE !

Air du *Roi s'amuse* (Robert Planquette).

A deux pas du Louvre, Henri Quatre,
Immobile sur son cheval,

Voit Paris librement s'ébattre
Tout autour de son piédestal.
Sur son socle de pierre et d' bronze,
Jacqu's Bonhomm', passant su' l' Pont-Neuf,
Grave ces mots : « Soixante-et-onze,
Quarant'-huit et quatre-vingt-neuf. »
Henri se dit : « J' suis pas un' buse,
Mais i' m' sembl' que l'on s' fich' de moi.
De mon temps s'amusait le roi ;
Mais, à présent, si je n' m'abuse,
  Le peupl' s'amuse. »

Place des Vosges, Louis Treize,
Des gamins r'cevant des cailloux,
Entend jouer la *Marseillaise*
Par des orchestres de pioupious.
Sans peur de sa royal' perruque,
Les frais bébés, roses et blonds,
Dans les jambes et sur la nuque,
Lui lancent balles et ballons.
« A moins, dit-il, que j' sois un' buse,
Ces ball's, cett' chanson s' fich'nt de moi.
De mon temps s'amusait le roi ;
Mais, à présent, si je n' m'abuse,
  Le peupl' s'amuse. »

Au milieu d' la plac' des Victoires,
L' Roi-Soleil, qui, jadis, brillait,
Voit éclipser ses vieilles gloires
Par l'astre du quatorz' juillet.

Le moineau s'oubli' sur sa tête,
Et Gavroch', moutard indompté,
Lance, pour célébrer c'te fête,
Des pétards à Sa Majesté.
« A moins, dit-ell', que j' sois un' buse,
I' m' sembl' que c' maraud s' fich' de moi.
De mon temps s'amusait le roi ;
Mais, à présent, si je n' m'abuse,
  Le peupl' s'amuse. »

La nuit, ces trois débris du trône
S'assembl'nt et se consol'nt entre eux.
I's s' forc'nt à rir' ; mais ils ri'nt jaune
Et leur gaîté sonne le creux.
Ironiqu', Paris s'illumine,
Et du plaisir sonn' le branl'-bas.
Les trois rois, f'sant un' drôl' de mine,
Dans l'oreill' se disent tout bas :
« A moins que chacun d' nous n' s'abuse,
Jadis, aux dépens du manant,
Le roi s'amusait ; maintenant,
Pendant que not' piédestal s'use,
  Le peupl' s'amuse. »

24 mai 1887.

A MON AMI Désiré Magnien.

LE TOMBEAU DES FUSILLÉS
Air : *La Chanson des peupliers.*

Ornant largement la muraille,
 Vingt drapeaux rouges assemblés

Cachent les trous de la mitraille
Dont les vaincus furent criblés.
Bien plus belle que la sculpture
Des tombes que bâtit l'Orgueil,
L'herbe couvre la sépulture
Des morts enterrés sans cercueil.

Ce gazon que le soleil dore,
Quand Mai sort des bois réveillés;
Ce mur que l'Histoire décore,
  Qui saigne encore,
C'est le tombeau des fusillés. (*bis*)

Autour de ce tombeau sans bronze,
Le prolétaire, au nez des lois,
Des héros de soixante et onze
Écoute chanter les exploits.
Est-ce la tempête ou la houle
Montant à l'assaut d'un écueil?...
C'est la grande voix de la foule
Consolant les morts sans cercueil !

Ecoute, bon bourgeois qui tremble :
Pleurant ceux qu'on croit oubliés,
Le peuple, tout entier, s'assemble
  Et vient ensemble
Près du tombeau des fusillés. (*bis*)

Loups de la Semaine sanglante.
Sachez-le, l'agneau se souvient.
Du peuple la justice est lente;
Elle est lente, mais elle vient !

Le fils fera comme le père ;
La vengeance vous guette au seuil ;
Craignez de voir sortir de terre
Les morts enterrés sans cercueil !

Tremblez ! les lions qu'on courrouce
Mordent, quand ils sont réveillés !
Fleur rouge éclose dans la mousse,
  L'Avenir pousse
Sur le tombeau des fusillés ! (bis)

30 mai 1887.

A MON AMI TALAZAC.

LES RIEURS

> « C'est un fait de statistique... nous pouvons considérer comme probable que l'Opéra-Comique brûlera. (ON RIT.) »
>
> (Paroles de M. Berthelot, dans la séance du 12 mai.)

Air : *Au sang qu'un Dieu va répandre.*

Polichinelles et pitres,
De cervelles estropiés,
Qui frappez sur vos pupitres
De vos couteaux à papier,
Berthelot, autre Kassandre,
Fut prophète en son discours :
Le vieux théâtre est en cendre...
Eh bien ! riez-vous toujours ?

Venez tous voir sur la place,
Trop joyeux législateurs :

Partout, l'incendie enlace
Artistes et spectateurs,
Parmi les cris de la foule,
La salle, avec des bruits sourds,
S'enflamme, craque et s'écroule...
Eh bien ! riez-vous toujours ?...

Voyez : le feu s'alimente
Du corps des asphyxiés.
Vrai, l'aventure est charmante
Pour ceux dont vous vous gaussiez !
La flamme monte et crépite,
Il cuit de l'homme, en ces fours !
Du faîte, on se précipite !...
Eh bien ! riez-vous toujours ?...

Allons, députés sublimes,
De l'effroyable bûcher,
Venez compter les victimes
Qui gisent sur ce plancher ;
Ces noirs débris de la flamme
Dont auraient peur les vautours,
Furent un homme, une femme...
Eh bien ! riez-vous toujours ?

Entendez ces cris horribles,
Représentants rigolos ;
Regardez ces pleurs terribles
Couler, parmi les sanglots.
L'enfant n'a plus de famille,
L'amant hurle à ses amours ;

11.

Le père cherche sa fille...
Eh bien ! riez-vous toujours ?

Pauvre vieux, ta fille est morte ;
Enfant, tu cherches en vain.
On brûle, que leur importe !
Ils touchent des pots-de-vin !
De la révolte, à la ronde,
J'entends sourdre les tambours.
Tripoteurs, le peuple gronde...
Vous ne rirez pas toujours !...

1er juin 1887.

A MON AMI GALIPAUX.

LA DÉCLARATION MINISTÉRIELLE
Qu'aurait pu lire M. Rouvier.
Air du Bi du bout du banc.

Chers collègu's, en nous asseyant
Sur le bi, sur le bout, sur le bi du bout du banc,
Nous d'vons vous parler loyal'ment
Sur le bi, sur le bout, sur le bi du bout du banc.

Ceux qui siégeaient précédemment,
Sur le bi, sur le bout, sur le bi du bout du banc,
Se sont tous conduits honnêt'ment
Sur le bi, sur le bout, sur le bi du bout du banc.

Ils n'ont rien fait, assurément,
Sur le bi, sur le bout, sur le bi du bout du banc,
Mais c'est pas d' leur faut', certain'ment,
Sur le bi, sur le bout, sur le bi du bout du banc.

L' progrès, i's l' désiraient viv'ment.
Sur le bi, sur le bout, sur le bi du bout du banc ;
　　Mais on les gênait, journell'ment,
Sur le bi, sur le bout, sur le bi du bout du banc.

　　Les ministèr's, successiv'ment,
Sur le bi, sur le bout, sur le bi du bout du banc,
　　Se sont suivis dans c' monument,
Sur le bi, sur le bout, sur le bi du bout du banc.

　　Tous les ministres, franchement,
Sur le bi, sur le bout, sur le bi du bout du banc,
　　Voulaient gouverner util'ment
Sur le bi, sur le bout, sur le bi du bout du banc.

　　Mais les députés, stupid'ment,
Sur le bi, sur le bout, sur le bi du bout du banc,
　　Les entravaient hypocrit'ment
Sur le bi, sur le bout, sur le bi du bout du banc.

　　Ils n'ont rien fait, c'est évident,
Sur le bi, sur le bout, sur le bi du bout du banc ;
　　Mais nous en ferons tout autant,
Sur le bi, sur le bout, sur le bi du bout du banc.

　　Messieurs, un p'tit encourag'ment
Sur le bi, sur le bout, sur le bi du bout du banc.
　　Allez-y d' votre applaudiss'ment
Sur le bi, sur le bout, sur le bi du bout du banc.

　　　2 juin 1887.

A MON AMI GAIL.

LES BOULANGISTES

Air : *C'est la paire !*

> « La *Marseillaise* alterne avec la rengaine *En revenant de la revue*, et le *Chant du Départ*, avec cette improvisation sur un air de café-concert bien connu :
>
> C'est Boulange, lange, lange,
> C'est Boulanger qu'il nous faut. »
>
> (*Manifestation de l'Opéra.*)

Badauds qui, devant un sabre,
Vous courbez sur les chemins ;
Qui, lorsqu'un cheval se cabre,
Applaudissez des deux mains ;
Moutons d' Panurge qu'on mange,
Chantez tous, chantez bien haut ;
  Oh ! oh ! oh ! oh !
C'est Boulange, lange, lange : ⎫ *Bis.*
C'est Boulanger qu'il vous faut ! ⎭

Bourgeois, amants d'un panache,
Auxquels il faut un vainqueur ;
Vils esclaves qu'on attache
Au char du triomphateur ;
Comme un bébé dans son lange,
Jouez avec ce fourreau ;
  Oh ! oh ! oh ! oh !
C'est Boulange, lange, lange ; ⎫ *Bis.*
C'est Boulanger qu'il vous faut ! ⎭

Bons électeurs de la Chambre,
Plus bêtes que des Hurons,
Qui chantiez, avant décembre :
« Napoléon !... nous l'aurons ! »
Dans notre pays, tout change,
Mais il reste le gogo ;
    Oh ! oh ! oh ! oh !
C'est Boulange, lange, lange ;
C'est Boulanger qu'il vous faut !   } Bis.

Déroulèdes du banquisme,
Qui, debout sur vos perchoirs,
Vendez du patriotisme
Comme une pâte à rasoirs ;
Que chacun de vous se range
A l'ombre de ce drapeau ;
    Oh ! oh ! oh ! oh !
C'est Boulange, lange, lange ;
C'est Boulanger qu'il vous faut !   } Bis.

Remparts de la bourgeoisie,
Radicaux, intransigeants,
Qui, sur le peuple en furie,
Faites ruer vos agents,
Vous que le Pouvoir démange,
Floquet, Granet, Clémenceau ;
    Oh ! oh ! oh ! oh !
C'est Boulange, lange, lange ;
C'est Boulanger, qu'il vous faut !   } Bis.

3 juin 1887.

A MON AMI GERVEX.

LE RÉGIME PARLEMENTAIRE
Solo politique

Air : *Le Bureau de placement.*

Des ministr's vivaient tranquill'ment ;
D'un coup d'épaul', le Parlement,
Las d'êtr' traité comme un benêt,
    Renversa l' cabinet.

Le sage Grévy, s'inspirant
Du régime parlementaire,
Choisit un autre ministère
Qui vint siéger, l'air conquérant.

Trois mois après ce p'tit chang'ment,
D'un coup d'épaul', le Parlement,
Las d'êtr' traité comme un benêt,
    Renversa l' cabinet.

Le sage Grévy, s'inspirant
Du régime parlementaire,
Choisit un autre ministère
Qui vint siéger, l'air conquérant.

Trois mois après ce p'tit chang'ment,
D'un coup d'épaul', le Parlement,
Las d'êtr' traité comme un benêt,
    Renversa l' cabinet.

Le sage Grévy, s'inspirant
Du régime parlementaire,

Choisit un autre ministère
Qui vint siéger, l'air conquérant.

Trois mois après ce p'tit chang'ment,
D'un coup d'épaul', le Parlement,
Las d'êtr' traité comme un benêt,
    Renversa l' cabinet.

Le sage Grévy s'inspirant
Du régime parlementaire,
Choisit un autre ministère
Qui vint siéger, l'air conquérant.

MORALE

Bref, il en siég'ra tant et plus ;
A moins que l' peupl', n'en voulant plus,
Las d'êtr' traité comme un benêt,
    S'asseoi' su' l' cabinet.

juin 1887.

A MON AMI PAUL DE SCELLIER.

LE BON SERGOT

(Petite étude policière)

> « Est-ce que j'y vais, moi, à l'Opéra-Comique ! »
> *(Paroles d'un sergot à un vieillard qui réclamait le cadavre de son enfant.)*

Air de l'*Enterrement* ou de l'*Exemple*.

UN VIEILLARD

— Laissez-moi voir, monsieur l'agent.
Ma fille Berthe et mon fils Jean

Deux beaux enfants, joyeux et forts,
Doivent être parmi les morts.
Ils étaient bons, laborieux.
C'est triste pour un pauvre vieux,
Presque aveugle et qui n'a plus rien,
De rester seul et sans soutien.

LE SERGOT

— Circulez !... ou j' vous fourre au clou !...
Troulalaïtou !... Troulalaïtou !...
Ben, quoi ! fait's-vous mettre en prison !...
  Et zon, zon, zon...
Est-c' que mon fils est décédé ?...
Gai, gai, gai ! lariradondé !...
  Allons !... allez-vous en d' là !...
  Larida, fla, fla !...

UNE VEUVE

— Monsieur le gardien de la paix,
Mon mari, que je chérissais,
Doit être parmi les brûlés
Qui par terre sont étalés.
Quel malheur pour mon humble toit !...
Monsieur, c'est bien triste pour moi :
J'ai quatre petits à nourrir
Et leur père vient de mourir !...

LE SERGOT

— Si vous saviez ce que j' m'en fous !...
Troulalaïtou !... Troulalaïtou !...

Ça f'ra d' la place à la maison !
　　Et zon, zon, zon !...
Si vot' Joseph est décédé,
Gai, gai, gai ! lariradondé !...
　　On se r'mari', nom de d' là !
　　Larifla, fla, fla !...

UN ORPHELIN

— Monsieur, vous avez l'air très bon...
Je ne suis pas un vagabond...
Je cherche mes pauvres parents...
Ils sont peut-être là-dedans.
Mon bon monsieur, laissez-moi voir...
La nuit, j'erre sur le trottoir...
L'an dernier, mourut mon aïeul,
Et maintenant je suis tout seul !...

LE SERGOT

— Veux-tu circuler !... p'tit voyou !...
Troulalaïtou !... Troulalaïtou !...
Ben vrai ! c' que ça devient crampon !...
　　Et zon, zon, zon !...
Qu' ça m' fout qu' leur mond' soy' décédé !...
Gai, gai, gai ! lariradondé !...
　　Est-c' que j' vais dans c' théâtr'-là !...
　　Larifla, fla, fla !...

5 juin 1887.

A mon ami Paul Strauss.

PARIS SANS GAZ

> « M. Strauss interpelle le directeur des travaux sur l'extinction des becs de gaz opérée à deux heures du matin, alors que la nuit est encore absolument complète. »
>
> (*Première séance du Conseil municipal.*)

Air de Paris à cinq heures du matin. (Désaugiers.)

Noire, en la nuit brune,
Sous le ciel sans lune,
La rue a l'air d'une
Cave où rien ne luit.
Seul, le noctambule,
Rôde et déambule,
Comme un somnambule,
A travers la nuit.

   Sombres, les verres
   Des réverbères
   Sont sans lumières ;
Le gaz est éteint,
   Et dans l'enceinte
   Que l'ombre teinte
   Un clocher tinte
Deux heur's du matin.

Sur la place obscure
Où je m'aventure,

Seule, une voiture
Reveille l'écho.
Tout dort, rien ne bouge.
Aux fentes d'un bouge,
Filtre une lueur rouge
Comme un coqu'licot.

J' bâill' comme un carpe.
Quai Contrescarpe.
Un jeune escarpe
M'emboîte le pas.
Je fuis l'arsouille
Pour qu'il se fouille;
Mais la fripouille
Ne me quitte pas.

Près de la Villette,
Pour lui tenir tête.
Brusque, je m'arrête :
« Que me voulez-vous? »
Alors la crapule,
Poliment, recule...
C'est un noctambule
Qui m' dit, d'un air doux :

— J' suis p't-être un' buse...
Pardon, excuse,
M'sieur si j'abuse;
Mais quel est le nom
De cette ville?...
Est-c' Romainville?...

Pantin, Chaville?..
Etamp's ou Vernon?...

— C't endroit, mon brave homme,
Où l'on pille, assomme,
Et ténébreux comme
Un trou de souris,
C'est la cité-mère,
Entre tous, première,
La Ville-Lumière :
Le géant Paris !

6 juin 1887.

A mon ami A. Okolowicz.

VICTIME DU TRAVAIL

Sur un toit que le soleil brûle,
Des moineaux effrayant le vol,
Le couvreur, comme un somnambule,
Marche, à soixante pieds du sol.
Tout à coup son cerveau s'embrase ;
Il chancelle, crève un vitrail ;
En bas son pauvre corps s'écrase :
    Victime du travail.

Sur la voie où vient le train-poste,
Un enfant marche ; l'aiguilleur,
Sans hésiter, quittant son poste,
Le sauve et tombe au champ d'honneur.
La machine, brûlant l'espace,
L'accroche et l'étend sur le rail...

Comme un tonnerre le train passe :
    Victime du travail.

Esclave couché sous la terre,
Mort vivant creusant son tombeau,
Le mineur, héros solitaire,
Pioche, à côté de son flambeau.
Tout à coup, ébranlant la mine,
Le grisou, sombre épouvantail,
Vient par derrière et l'assassine :
    Victime du travail.

Pauvres débris sans nécropole,
Noirs restes d'un peuple martyr,
Le bourgeois garde son obole
Pour les victimes du plaisir.
Devant ces morts-là, la Fortune
Passe, agitant son éventail :
« Pourquoi s'affliger?... ce n'est qu'une
    Victime du travail !... »

Héros inconnus de l'usine,
Pauvres broyés de l'atelier,
Humbles étouffés de la mine,
On parle de vous au foyer.
Laissez l'ignoble bourgeoisie,
Pour ses morts dresser un portail.
Le vrai peuple vous glorifie,
    Victimes du travail !

7 juin 1887.

A MON AMI A. MÉLANDRI.
ÇA PEUT DURER TOUT L' TEMPS
Air : *Ça peut durer tout l' temps !* (Sapeck)

Sans vouloir poser au bagoût,
On peut d' dir', sans craint' de réplique,
Monsieur Grévy trouv' de son goût
La présidenc' d' la République.
Quant à ceux qui n' sont pas contents,
Eh bien, faut qu'i's en d'mand'nt un autre ;
Mais ils risquent d'attendr' longtemps,
Car un président comm' le nôtre...
  Ça peut durer dix ans ;
    Vingt ans ;
    Trente ans ;
   Quarante ans ;
   Cent cinquante ;
Ça peut durer deux, trois cents ans ; ⎫
  Ça peut durer tout i' temps. ⎭ *Bis.*

Depuis trop longtemps, c'est certain,
Les ministres, au ministère,
Durent « l'espace d'un matin »,
Grâce au régim' parlementaire.
Brisson, Freycinet, Gambetta,
On ne compte plus ses victimes
Et le triste, dans tout cela,
C'est que c' plus tannant des régimes...
  Ça peut durer dix ans ;
   Etc., etc.

1. Meuriot, éditeur, 25, boulevard de Strasbourg, Paris.

Du train dont vont les donateurs
Aux brûlés d' l'Opéra-Comique,
Ceux-ci s'ront bientôt détenteurs
De toute la fortun' publique.
Ils ont déjà près d' deux millions,
De quoi remplir un' gross' charrette ;
Les journaux sont pleins d' souscriptions;
Y a pas d' raison pour qu' ça s'arrête...
   Ça peut durer dix ans;
    Etc., etc.

« A bas le peupl'! » tel est le cri
Que chacun pousse au ministère.
Rouvier après Jul's Ferry,
C'est kif-kif pour le prolétaire;
C'est le régime des ventrus.
Si l' travailleur en veut un autre,
I' faudra bien qu'il tap' dessus,
Car une Républiqu' comm' la nôtre...
   Ça peut durer dix ans;
    Vingt ans;
    Trente ans;
    Quarante ans;
    Cent cinquante;
 Ça peut durer deux, trois cents ans !   ⎫
   Ça peut durer tout l' temps.   ⎬ *Bis.*
            ⎭

8 juin 1887.

A mon ami Robert Kemp.

DIRECTEUR ET SECRÉTAIRE

Duo touchant

Air : *Bouton de rose.*

M. CARVALHO

Quel guignon ! Juste
Au moment de fermer, voilà
La flamme qui nous tarabuste !
Ne restons pas plus longtemps là !...
Sauvons le buste !... (*bis*)

M. ÉDOUARD NOEL

Allons !... Quoi ?... Qu'est-ce ?...
Bon ! Voilà le feu, maintenant,
Qui vient brûler dans chaque pièce,
Le théâtre et son contenant !
Sauvons la caisse !... (*bis*)

M. CARVALHO

Artiste auguste,
Viens que je te prenne en mes bras.
Ma femme qui chantais si juste
Non, non, tu ne brûleras pas !...
Sauvons le buste !... (*bis*)

LES CHANSONS DE L'ANNÉE.

M. ÉDOUARD NOEL

Sans que ça cesse,
Le feu dévastera partout.
Prenons jusqu'à la moindre place ;
La flamme n'aura pas un sou !...
Sauvons la caisse !... (bis)

9 juin 1887.

A MON AMI ADOLPHE BONNET.

CONSEILLERS ET PRÉFET
(Solo municipale.)

Air : *Mad'moiselle ! écoutez-moi donc !...*

PREMIER CONSEILLER

M'sieur l' préfet, répondez-moi donc !..
Quels sont les coupabl's, dans cett' catastrophe ?
M'sieur l' préfet, répondez-moi donc !
Quels sont les auteurs de cett' combustion ?

LE PRÉFET

Non, monsieur, vous n' vous trompez pas !
Pour faire un veston faut pas mal d'étoffe ;
Non, monsieur, vous n' vous trompez pas,
C'est bien d' la lain' qu'on met dans les mat'las.

DEUXIÈME CONSEILLER

M'sieur l' préfet, répondez-moi donc !
Comment s'est communiqué l'incendie ?
M'sieur l' préfet, répondez-moi donc !
Est-c' par négligenc' ?... par inattention ?...

LE PRÉFET

Non, monsieur, vous n' vous trompez pas !
Rouen est bien l' chef-lieu de la Normandie ;
Non, monsieur, vous n' vous trompez pas !
C'est dur de s' moucher, quand on n'a pas d' bras !

TROISIÈME CONSEILLER

M'sieur l' préfet, répondez-moi donc !
Qui, de tout cela, doit êtr' responsable ?
M'sieur le préfet, répondez-moi donc !
Est-ce Carvalho, Poubelle ou Véron ?

LE PRÉFET

Non, monsieur, vous n' vous trompez pas !
C'est bien dans l'désert qu'on trouv' le plus d'sable ;
Non, monsieur, vous n' vous trompez pas !
Pour tracer un cercle il faut un compas.

QUATRIÈME CONSEILLER

M'sieur l' préfet, répondez-moi donc !
Tout le monde est-il exempt de reproche ?
M'sieur l' préfet, répondez-moi donc !
Vous éluderez en vain la question.

LE PRÉFET

Non, monsieur, vous n' vous trompez pas !
C'est bien ru' d' la Lun' qu'on vend de la brioche !
Non, monsieur, vous n' vous trompez pas !
A la fin d' sa vie on trouv' le trépas.

CINQUIÈME CONSEILLER

M' sieur l' préfet, répondez-moi donc !
Quel est, selon vous, l' principal coupable ?

M'sieur l' préfet, répondez-moi donc !
Veuillez, s'il vous plaît, nous dire son nom !

LE PRÉFET

. . . , ... ! . . .
. . . , ... ! . . .
. . . , ... ! . . .
. . . , ... ! . . .

SIXIÈME CONSEILLER

M' sieur l' préfet, répondez-moi donc !
Serait-c', par hasard, le préfet d' police ?

LE PRÉFET

D' mon silenc', j' vous d'mand' bien pardon !
Mais j' suis d'venu muet à forc' d'émotion !

11 Juin 1867.

A MON AMI DOUDLEMARD.

LES HOMMES D'ARMES DE L'HOTEL-DE-VILLE

Air des *Deux hommes d'armes* (*Geneviève de Brabant*).

PREMIER HOMME D'ARMES

Défenseurs de la paix civile,
Vaillants troupiers du temps jadis !
   (*Tous.*) Temps jadis !
Sur les toits de l'Hôtel-de-Ville
Immobiles, nous sommes dix.
Loin de la rue et des vacarmes,
Nos regards, au loin, vont plongeant.
Ah ! qu'il est beau ! (*Tous, bis.*)
D'être homme d'armes ! (*Tous, bis.*) } Bis.
   Mais que c'est un sort exigeant !

DEUXIÈME HOMME D'ARMES

Pour parasol une oriflamme ;
Un casque étouffant pour chapeau ;
  (*Tous.*) Pour chapeau !
Du soleil essuyer la flamme,
Sans jamais s'essuyer la peau.
Vrai, ce destin manque de charmes,
Qu'on soit en or, comme en argent !
  (*Au refrain.*)

TROISIÈME HOMME D'ARMES

Voir ses confrères dans des niches,
Quand, soi-même, on est sur les toits ;
  (*Tous.*) Sur les toits !
Du climat supporter les niches,
Grêle, brouillard, neige et grands froids ;
Être toujours dans les alarmes,
Aux menaces d'un ciel changeant !
  (*Au refrain.*)

QUATRIÈME HOMME D'ARMES

En juillet, de Paris en fête,
Voir les illuminations ;
  (*Tous.*) Nations !
Immobiles, sur notre faîte,
Regarder drapeaux et lampions !
Voir le peuple, ignorant nos larmes,
Au plaisir courir diligent !
  (*Au refrain.*)

LES CHANSONS DE L'ANNÉE.

CINQUIÈME HOMME D'ARMES

Des manants dominant la houle,
Nous qui faisions peur autrefois,
(*Tous.*) Autrefois !
Devant nous voir passer la foule
Faisant des pieds-de-nez aux rois.
Avoir été les fiers gendarmes
Et n'être pas même un agent !
(*Au refrain.*)

12 juin 1887.

A MON AMI LÉON MAILLOT.

AU TONKIN

> « Soit, en tout : 10,891 hommes,
> sur 10,000 hommes, total de l'effectif
> du corps d'occupation ; c'est-à-dire
> **quatre-vingt-un pour cent
> de l'effectif.** »
> *La situation au Tonkin.*

Air : *Le Sire de Fich'-ton-kan.*

La petite armée héroïque,
Fleur du pays républicain,
Républicain !
Meurt, inébranlable et stoïque
Brûlée au dur ciel du Tonkin,
Ciel du Tonkin !
Chaque jour, le glas des morts sonne,
Sinistre, sous le soleil lourd,
Le soleil lourd !
I' n' rest'ra bientôt plus personne

1. Viel, éditeur, rue de Lancry. Paris.

Au pays où règne Bihourd,
　　Règne Bihourd !

　　　REFRAIN

On d'mand' d' la chair à soldat,
　　Pour c'te bell' contrée,
A l'épreuv' du choléra
　　Et de la diarrhée,
　　I' faut qu' Jul's s'y rende !
　　　Allons-y !
　　　Mon chéri !
　　Au Tonkin l'on d'mande
　　Monsieur Jul's Ferry !

Au Tonkin, dans chaque rizière,
Le troupier attrape en passant,
　　Trape en passant !
Une maladi' singulière
Qu'on nomm' l'appauvriss'ment du sang,
　　Vriss'ment du sang !
On y pige aussi, c' qu'est pas drôle.
Sous les flêch's d'un soleil de feu,
　　Soleil de feu !
Un mal qu'on appell' la... fièvr' jaune,
Parc' qu'il vous rend le teint tout bleu.
　　Tout bleu, tout bleu !
　　　(*Au refrain.*)

Dans les haut's herb's le tigre rôde,
Et fait vis-à-vis au serpent,
　　Vis au serpent !

La fleur de lotus, vert d'émeraude,
Sur sa tig' flétrit subit'ment,
　　Trit subit'ment !
Et pendant que le gong résonne,
Sous les coups du Pavillon-Noir,
　　Pavillon-Noir !
Y a-z-un' flèch' de Pavillon-Jaune
Qui vous arrive en plein dans l' noir,
　　En plein dans l' noir,
　　　　(*Au refrain.*)

Bien caché dans son embuscade,
Le Chinois, en un p'tit moment,
　　Un p'tit moment !
Vous escamot' comme un' muscade.
En plusieurs temps et un mouv'ment,
　　Et un mouv'ment !
Les peaux jaun's n'aim'nt pas les peaux blanches
Quand ils en prenn'nt dans c' pays-là,
　　Dans c' pays-là !
Ils sci'nt leurs corps entre deux planches
Et font cuir' leurs yeux sur le plat,
　　Yeux sur le plat !
　　　　(*Au refrain.*)

Vit', messieurs les opportunistes,
Joyeux disciples d'Arlequin,
　　Ples d'Arlequin.
Pour clor' le bec aux socialistes,
Partez tous en chœur au Tonkin,
　　Chœur au Tonkin !

Si vous avez lancé la France
Dans c' pays, c'est pour fair' vot' sac,
  Pour fair' vot' sac !
Profitez de la circonstance
Pour montrer qu' vous n'avez pas l' trac,
  N'avez pas l' trac !
   (*Au refrain.*)

juin 1887.

A MON AMI LOUIS JEANNIN.

LA MARSEILLAISE DE LA JEUNESSE

Air de *la Marseillaise*.

Allons ! Jeunesse de la France,
Fils de la rue et du pavé,
Par nous, des arts, de la science,
Le drapeau sublime est levé ! (*bis*)
Entendez-vous, dans nos écoles,
Les maîtres parler aux enfants ?
A leurs jeunes fronts triomphants,
Le savoir met des auréoles !
Aux livres ! citoyens ! Sans répit travaillons !
Lisons ! (*bis*) que le savoir guide nos bataillons !

  Que veulent ces porte-soutanes,
  Contre le progrès conjurés ?
  Pour qui ces honteux bonnets d'ânes,
  Pour des fronts étroits préparés ? (*bis*)
  Enfants ! Pour nous ! Ah ! quelle offense !
  Apprêtons-nous à résister !

C'est nous qu'on ose méditer
De rendre à l'antique ignorance !

  Aux livres ! citoyens ! *etc.*, *etc.*

Eh quoi ! cette horde de prêtres
Mettrait sur nous son manteau noir !
Quoi ! sur l'Esprit, ces mauvais maîtres
Placeraient l'ignoble éteignoir ! *(bis)*
Sous l'effort de ces mains impures,
Nos crânes se déformeraient !
Ces cancres débiliteraient
Les générations futures !

  Aux livres ! citoyens ! *etc.*, *etc.*

Pour l'intolérance passée,
Gardant un trop juste mépris,
Enfants, que la Libre-Pensée
Dirige seule nos esprits ! *(bis)*
Parcourant Montaigne et Molière,
Ces prophètes des temps nouveaux,
Camarades, que nos cerveaux
S'ouvrent enfin à la Lumière !

  Aux livres ! citoyens ! *etc.*, *etc.*

Instruction obligatoire,
Viens lutter avec tes soldats !
Donne-nous la seule victoire
Qui soit féconde en résultats ! *(bis)*
A l'école, que la Jeunesse
Accoure à ton sublime appel !

Au nez des Buffet, des Freppel,
Que, par toi, la France renaisse!

Aux livres! citoyens! *etc.*, *etc.*

14 juin 1887.

A MON AMI SELLIER, DE L'OPÉRA.

LE TÉNOR

> « De l'avis de ses deux témoins,
> M. Edmond Stoullig a pris le parti
> d'assigner M. Capoul en police cor-
> rectionnelle. »

Gare aux gifles, fameux critiques,
Qui débinez les grands chanteurs!
A la caisse de vos boutiques,
Touchez l'or de vos directeurs;
Touchez des seins, touchez des tresses:
Des pieds, des mains et mieux encor;
Touchez le cœur de vos maîtresses;
Mais ne touchez pas au ténor!

Touchez du piano pour les femmes
Des bourgeois chez qui vous dînez;
Touchez des ronces et des flammes;
Des vieux lions touchez les nez;
Touchez au repas des chiens maigres;
Touchez — c'est plus terrible encor!
Au genou des chauves intègres;
Mais ne touchez pas au ténor!

Du paysan touchez les seigles;
Touchez au préjugés des vieux;

Touchez aux nids altiers des aigles;
A l'or des avaricieux;
D'un vieux fumeur touchez aux pipes;
D'un horticulteur — mieux encor!
Touchez aux plus rares tulipes;
Mais ne touchez pas au ténor!

Car le ténor c'est l'arche sainte,
Le tabernacle des badauds,
Le rêve auquel la femme enceinte
Sourit, en dormant sur le dos.
C'est le beau vainqueur, dans l'arène,
Gladiateur et toréador...
Touchez à la hache, à la reine,
Mais ne touchez pas au ténor!

16 juin 1887.

A MON AMI GASTON SÉNÉCHAL.

CURÉ RÉCURÉ

« Il y aura donc lieu à une nouvelle élection municipale pour le quartier de Javel. »

(*Décision du Conseil de préfecture.*)

Air : *Monsieur le Curé.*

MADAME CURÉ

Pourquoi cet air affairé, } *Bis.*
Mon pauvre Curé?...

M. CURÉ

Mon fauteuil bien rembourré
S'écroule
Ma poupoule!

Le Conseil m'a rembarré !...
Hélas ! j'en perds la boule !...

MADAME CURÉ

Ne fais pas tant l'effaré, ⎫ Bis.
   Mon pauvre Curé !... ⎭

M. CURÉ

Ma bichette, j'en mourrai !
   Pardonne,
   Ma bobonne...
Par terre je resterai...
La chance m'abandonne !...

MADAME CURÉ

Chez tes électeurs j'irai, ⎫ Bis.
   Mon pauvre Curé... ⎭

M. CURÉ

Pas la peine, ange adoré...
   Ursule,
   L' vaisseau brûle ;
Car je leur ai trop doré
L'affiche et la pilule !

MADAME CURÉ

Notre veine a trop duré, ⎫ Bis.
   Mon pauvre Curé !... ⎭

M. CURÉ

Par Javel, j' suis récuré ;
   Fais faire
   Une civière...
Récuré je resterai...
Ils éliront Chauvière !...

17 juin 1887.

A MON AMI ALBERT TINCHANT.

L'ENLÈVEMENT DE Mlle DE CAMPOS

Air : *Bon voyage, Monsieur Dumollet.*

D'un tas d' potins c't' évén'ment est la cause ;
On parl' de rapt et de séquestration.
Puisque là-d'ssus, à Paris, chacun cause,
J' vais, à mon tour, donner mon opinion :
  Bon voyage,
   Mam'sell' Campos !
 Goûtez enfin aux douceurs du ménage ;
  Bon voyage,
   Mam'sell' Campos !
Amusez-vous, puisque vous avez d' l'os !

Les port's du ciel, pour vous s'ouvrir'nt naguère ;
Car vous aviez un mari plein d'appas ;
Mais le pauvre homme, hélas ! n'en avait guère ;
Mais le pauvre homme, hélas ! n'en avait pas !

  (Au refrain.)

Quand on est jeun', c'est rasant, le divorce ;
A vingt-cinq ans on désire un époux.
Fait's-vous enl'ver de gré comme de force ;
Ces choses-là ne regardent que vous.

  (Au refrain.)

Bravant au loin la vertu doctorale,
Au nez de tous, aimez-vous, triomphants,

Que ça finiss' par l'ordin rmoi arale ;
Soyez heureux et fait's beaucoup d'enfants :

  Bon voyage,
  Mam'sell' Campos !
Goûtez enfin au bonheur du ménage ;
  Bon voyage,
  Mam'sell' Campos !
Amusez-vous, puisque vous avez d' l'os !

10 juin 1887.

A MON AMI CHARLES CROS.

LES ENFERMEURS

> « Les médecins s'étaient cachés
> derrière une tapisserie qu'on leur
> avait ménagée. Lorsque le baron sor-
> tit, plusieurs hommes massés dans
> le vestibule se jetèrent sur lui, le
> bâillonnèrent et le ligotèrent. »
> *La folie du baron Seillière.*

Passants d'allures pittoresques :
Poètes composant des vers ;
Peintres rêvant d'énormes fresques,
De femmes blanches, de prés verts :
Savants bizarres que n'éveillent
Ni les appels, ni les clameurs,
Modérez vos gestes : ils veillent,
  Les enfermeurs !

Comme les tigres dans les jungles,
Ils rampent, rôdeurs attentifs.

Ils attendent, rentrant les ongles,
Les promeneurs inoffensifs.
Puis, flairant le sang et la viande,
Ils sautent!... Oyez ces rumeurs!...
Encore un qu'emporte la bande
　　Des enfermeurs!

Médecins vendus! vilains drôles!
Qui, pour d'autres, chassez les fous.
Nous intervertirons les rôles,
Car, les seuls insensés, c'est vous!
Votre tour viendra, Charcots louches!
Aliénistes assommeurs!
Les enfermés rendront leurs douches
　　Aux enfermeurs!

20 juin 1887.

A MON AMI RODOLPHE SALIS.

L'AFFAIRE CAMPOS

Air : Ça vous coup' la gueule à quinz' pas.

En examinant c't' affaire attentiv'ment,
　　Ell' vous paraît assez suspecte.
Ni l' Rubau rageur, ni l' romanesque amant
　　Ne s' conduis'nt d'un' façon correcte.
　　Pas plus l'amoureux qu' l'avocat,
Nul, dans tout ceci, ne s' montre délicat.
　　On s'aperçoit, en y songeant,
　　Qu' tout ça c'est une affair' d'argent.

Rubau-Donadeu tient aux beaux sept millions
    Que, d'puis longtemps, il « administre ».
Si Mielvaque, un jour, empoch' les picaillons,
    Les finances chang'ront d' ministre.
    Si les amants v'naient à s' marier,
Plus moyen de fair' danser l'ans' du panier !
    Pour ce Gobseck intelligent,
    Tout ça c'est une affair' d'argent.

Mielvaque, écrivant, dans un mot prétentieux,
    Que « la Madone les protège »,
Me paraît encor plus roublard qu'amoureux ;
    C'est d'un' fortun' qu'il fait le siège.
    Si Mercédès n'avait pas l' sou,
Tous deux n' prendraient pas les jambes à leur cou.
    Pour ce séducteur diligent,
    Tout ça c'est une affair' d'argent.

Mam'sell' Campos, en somme, est, dans tout ceci,
    La seul' qui soit intéressante
Dans le célibat, son pauvr' cœur s'est roussi,
    Et dam ! c'est un natur' puissante !
    Dans un long jeûne elle a pâti ;
Quell' chanc' de trouver un époux bien bâti !
    Pour ell' seul', j'en suis convaincu,
    Tout ça c'est une affair' d'a...mour.

24 juin 1887.

A MON AMI ADOLPHE WILLETTE.

L'HOMME ET LA TERRE

> « Il n'en reste pas moins établi qu'à la fin du xixe siècle, les femmes ne peuvent tranquillement rentrer chez elles sans s'exposer à être empoignées par les immondes personnages que M. Lépine appelle l'élite des honnêtes gens! »
>
> *Attentat des agents des mœurs contre Mme Julienne Legault.*

L'HOMME

Sois indulgente, maman-Terre,
Pour ton enfant qui va mourir.
Dans ton sein, ô nourrice austère!
Laisse-moi m'étendre et pourrir.
Tu le sais, grande mère honnête,
Je fus parmi les scélérats :
J'étais voleur et proxénète,

LA TERRE

Viens, mon enfant, viens dans mes bras.

L'HOMME

J'ai fait tous les métiers infâmes,
De la Honte traînant le char ;
J'ai vécu de l'argent des femmes,
Je fus espion, puis mouchard.
Malgré ça, Terre bienfaisante,
Terre des blés et des lilas,
O Mère! à toi je me présente.

LA TERRE

Viens, mon enfant, viens dans mes bras.

L'HOMME

Noir rebut du monde et des hommes,
Vil entre les putréfiés,
J'ai vendu, pour de fortes sommes,
Des secrets à moi confiés ;
J'ai défloré des enfants roses ;
Mon pays m'appelle Judas.
Pardon, pardon, Terre des roses !

LA TERRE

Viens, mon enfant, viens dans mes bras.

L'HOMME

Tu le sais, ô Terre splendide !
Le monstre effrayant que je fus :
L'inceste, avec le parricide,
Habitaient mon cerveau confus.
Et cependant, Terre si douce,
Je viens, quoique tombé bien bas,
Demander un lit, sous ta mousse.

LA TERRE

Viens, mon enfant, viens dans mes bras !

L'HOMME

O Terre, où la brebis vient paître !
Personne, dans le genre humain,
Ni le meurtrier, ni le traître
Ne voudraient me toucher la main.
La blanche étoile, dans l'espace,
A honte d'éclairer mes pas :
Je fus agens des mœurs !... fais grâce !...

LA TERRE

Crève, ordure !... Loin de mes bras !...

25 juin 1887.

A MON AMI RAOUL PONCHON.

LA QUESTION DE L'EAU

Air : C'est la paire !

LES VAGABONDS

L'eau de source, pure et saine,
Coule pour tous les richards.
En revanche l'eau de Seine
Empoisonne les déchards.
La situation est noire
Pour nous autres, buveurs d'eau !
    Oh ! oh ! oh ! oh !
C'est à boire, à boire, à boire, ⎱ *Bis.*
C'est à boire qu'il nous faut ! ⎰

LES BÉBÉS

Bébés en maillots, en robes,
Qu'on coiffe d'un bourrelet,
Prenons bien garde aux microbes :
Y' a de l'eau dans notre lait !
Dans le biberon d'ivoire
La mort guette le marmot !
    Oh ! oh ! oh ! oh !
C'est à boire, à boire, à boire, ⎱ *Bis.*
C'est à boire qu'il nous faut ! ⎰

LES TRAVAILLEURS

Nous tous qui mangeons sans nappes
Dans les gargots d'ouvriers ;
A qui, comme jus de grappes,
On verse des vins mouillés ;
Camarades, l'infusoire
Peut s'échapper du goulot !
    Oh ! oh ! oh ! oh !
C'est à boire, à boire, à boire, } Bis.
C'est à boire qu'il nous faut !

LES COLLÉGIENS

Esclaves de la science,
Triste chair à professeurs,
Qui buvons de l'abondance,
Loin des mamans et des sœurs,
Pour nous tous, le réfectoire
Peut devenir le tombeau !
    Oh ! oh ! oh ! oh !
C'est à boire, à boire, à boire, } Bis.
C'est à boire qu'il nous faut !

LES RICHES

Riches, heureux de la vie,
Nous pour qui tout est azur,
Nous que la Misère envie,
Grisons-nous de bon vin pur !
Amis, comme un saint-ciboire,
Levons le verre bien haut !
    Oh ! oh ! oh ! oh !

C'est à boire, à boire, à boire, } Bis.
C'est à boire qu'il nous faut!

20 juin 1887.

A mon ami Henri Jouard.

LA CARMAGNOLE DES MEURT-DE-FAIM

Air de la Carmagnole.

REFRAIN

Frères, faut que ça change ;
   Marchons d'aplomb ! (*bis*)
Il faut que chacun mange ;
Bourgeois, du pain ou du plomb !

LES PAUVRES

En avant, tous les meurt-de-faim ! (*bis*)
Pauvres, révoltons-nous enfin ! (*bis*)
   Aux armes ! citoyens !
   Malgré les biscaïens,
Sans souci des défaites,
   Marchons d'aplomb ! (*bis*)
Képis, gare aux casquettes !
Bourgeois, du pain ou du plomb !
     (*Au refrain.*)

LES PAYSANS

Comme des bœufs nous travaillons ! (*bis*)
Les blés poussent dans nos sillons ! (*bis*)
   Le pain naît sous nos pas ;
   Nous ne le mangeons pas !

Frères, à nous les moules !
  Marchons d'aplomb ! (*bis*)
Canons, taisez vos gueules !
Bourgeois, du pain ou du plomb !
    (*Au refrain.*)

LES MINEURS

Couchés dans nos tombeaux profonds (*bis*)
Loin des brises, nous étouffons. (*bis*)
  Nous tirons du charbon,
  Mais c'est pour le patron.
  Le feu nous extermine.
    Marchons d'aplomb ! (*bis*)
  Mineurs, à nous la mine.
Bourgeois, du pain ou du plomb !
    (*Au refrain.*)

LES OUVRIERS

Chair à fabriques, ouvriers ! (*bis*)
Noirs esclaves des ateliers ! (*bis*)
  Bataillon décimé,
  Gars de Juin et de Mai,
  Malgré les hécatombes,
    Marchons d'aplomb ! (*bis*)
  L'Avenir sort des tombes !
Bourgeois, du pain ou du plomb !
    (*Au refrain.*)

TOUS LES PROLÉTAIRES

Sus aux généraux d'abattoir ! (*bis*)
Klébers et Marceaux du trottoir ! (*bis*)
  Ce cordon, couleur sang,

Autour d'eux s'enlaçant,
Qui, sur leurs crachats, coule,
Marchons d'aplomb! (*bis*)
C'est le sang de la foule!
Bourgeois, du pain ou du plomb!
(*Au refrain.*)

27 juin 1887.

A MON AMI LOUIS JANVIER.
IL REVIENDRA!

> Il reviendra
> Quant le tambour battra;
> Etc., etc.
> (*Chanson boulangiste.*)

AIR : *En r'venant d' la r'vue!*

Tas d'aboyeurs, meute servile,
Pauvres bestiaux bons à manger
Qui braillez des couplets en ville
A la gloire de Boulanger;
Lécheurs de sabres et de bottes
De la Ligue des patriotes;
Tous les cabotins du canon,
Prosternez-vous devant ce nom.
  Gueulards, sachez-le bien,
  Au pouvoir s'il revient,
Vite, il fera baisser le ton
Aux échappés de Charenton.
  Vous serez emballés,
  Ficelés, muselés,
  Lanternés et bernés,
Et, finalement, canonnés.

Il reviendra
Pour faire un coup d'État ;
Il vous enfermera
Tous en fourrière !
Il reviendra !
Il vous détrompera :
Son pied il vous mettra
Dans le derrière !

Pauvres abrutis qu'on engage,
Tas d'admirateurs éperdus,
Méditez le conseil du sage :
« Méfiance aux individus ! »
Pour le pékin, le militaire
Ne sera jamais qu'un faux frère :
C'est blanc et noir, czar et pacha,
Époux et femme, chien et chat.
Jamais aucun soldat,
Le pouvoir n'aborda
Sans transformer, tout aussitôt,
Son « sabre loyal » en couteau.
Et quand le mal est fait,
Le gogo, stupéfait,
Constate l'avatar ;
Mais, par malheur, il est trop tard

Il reviendra
Pour faire un coup d'État ;
Il vous enfermera
Tous en fourrière !
Il reviendra !

LES CHANSONS DE L'ANNÉE.

Il vous détrompera :
Son pied il vous mettra
Dans le derrière !

1ᵉʳ juillet 1887.

A MON AMI NOBLET.

VICTOR

(A propos d'un procès tout récent)

Air : *Il est un petit homme.*

Il est un vilain homme,
Le portrait ressemblant
D'un mal blanc.
C'est Victor qu'on le nomme...
Taisons son autre nom
Ou, sinon,
Ce pou, cet abcès
Ferait un procès
Pour gagner un peu d'or.
Gluant d'abord,
Blanc comme un mort,
Voilà l' portrait d' Victor.

Arrivé par les femmes,
Il s'est, avarié,
Marié.
Usant de trucs infâmes,
Cet Alphonse avachi
S'enrichit.
Avec ses dédits,
Ce roi des bandits

Arrondit son trésor.
    Poisson au port,
    Il est très fort
Ce roublard de Victor.

Des souteneurs en blouse
Il a, quoi qu'en habit,
    L'acabit.
Exploitant son épouse,
Puisant au coffre ouvert,
    Ce dos vert
    Cogne, sans pitié.
    Sa tendre moitié,
Pour la mettre d'accord.
    Gras comme un porc,
    Lâche et butor,
Il est complet, Victor.

Ce bobo, sans vergogne,
Pousse, jaune et vermeil,
    Au soleil!
Ce cas, cette charogne
Rencontre aux boulevards,
    Des égards!
    Ce drôle, bien plus,
    Trouve des saluts!
Injustice du sort!
    Oui, quand il sort,
    Chacun, à tort,
Dit bonjour à Victor!

3 juillet 1887.

A MON AMI LUNEL.

V'LA-Z-UN GENDARME !

> « Un gendarme passait, M. Josselin eut la malencontreuse idée de fredonner :
> « V'là-z-un gendarme, sauvons-nous ! »
> *Le scandale de Saint-Cloud.*

Vieilles, sur les seuils accroupies,
Assises à l'ombre des toits ;
Pauvres fileuses à roupies,
Chantonnant des airs d'autrefois :
Sentez ces odeurs de maroles,
De bottes, quand les temps sont mous...
Grand'mères, gare à vos paroles :
V'là-z-un gendarme, taisez-vous !

Joyeuses rondes enfantines,
Qui, par la rue ou les buissons,
Insouciantes et mutines,
Tournez au rythme des chansons ;
Sentez-vous dans le frais bocage,
Ces fades relents d'hommes saoûls ?
Oiseaux, rentrez dans votre cage :
V'là-z-un gendarme, envolez-vous !

Gais amoureux qui, sous les branches,
Fuyant l'averse de soleil,
Parmi les pâquerettes blanches,
Marchez vers l'horizon vermeil ;

Dans les fourrés montant la garde,
Quand vous vous faites les yeux doux,
Cabis est là qui vous regarde :
V'là-z-un gendarme, sauvez-vous !

« Fatal oracle d'Epidaure »,
Docteur Castaing, qui dans Saint-Cloud
Conquit la gloire avant Pandore ;
Campi, Gamahut, Ménesclou,
Prévost, Troppmann et Lacenaire,
Corps sans têtes, têtes sans cous,
Les assassins, sortez de terre :
V'là-z-un gendarme, embrassez-vous !

4 juillet 1887.

A MON AMIE MARIE COLOMBIER.

LA PLUS JOLIE FEMME DE PARIS

(MORALITÉ D'UN LIVRE).

Air : *Paris à cinq heures du matin.*
(Désaugiers.)

La pièce s'achève ;
Le public se lève ;
Lili, fille d'Ève,
Court se dégrimer ;
Mais, devant la porte,
Qu'elle entre, ou bien sorte,
La même cohorte
Vient pour l'acclamer :

« Bravo ! charmante !... »
« Éblouissante !... »
« Je vous présente
« Mes humbles respects !... »
   Et la divette
   Fait la navette,
   Fixe, inquiète,
Ces bavards suspects.

Enfin, on la quitte !
Alors, vite !... vite !...
Lili prend la fuite,
Car, grognant, pestant,
Rêvant feu, massacre,
Caché dans un fiacre,
Son « russe » qui sacre,
La guette et l'attend.

   « Monte ! » et l'on file,
   De par la ville,
   Vers un asile
De noce et de nuit.
   Joyeux, en troupe,
   Vidant la coupe,
   On boit, on soupe...
Mais le matin luit.

La bande, fourbue,
Descend dans la rue
Que l'aube, apparue,
Teint de rose et d'or.

Chez elle rentrée,
Grise, mais pas gaie,
Lili, fatiguée,
Se couche et s'endort.

« Drelin! » on sonne;
Lili frissonne...
Accourt la bonne :
« Madame!... l'huissier!... »
« Paye-le, bête!... »
Et la pauvrette
Cache sa tête
Dessous l'oreiller.

Toute la journée,
C'est une fournée,
Jamais terminée,
D'altiers fournisseurs ;
Ou des silhouettes
De gommeux bébêtes,
Faisant des courbettes,
Disant des douceurs.

C'est une trombe;
Lili succombe...
Mais le soir tombe...
Il faut s'habiller!
Fuir au théâtre
Couvrir de plâtre
Son corps d'albâtre
Et se maquiller.

Or, cette martyre
Gibier que l'on tire
Et qui doit sourire
A ses cent maris;
Qui, de la Folie,
Ne boit que la lie,
C'est la plus jolie
Femme de Paris !

8 juillet 1887.

A mon ami Louis Gabillaud

IL S'EN VA!
Cantique des boulangistes à leur patron

Air : *Au sang qu'un Dieu va répandre.*

TOUS LES BOULANGISTES

Intrépides boulangistes,
Marchands de soupe, épiciers,
Limonadiers, bandagistes,
Mastroquets et carrossiers,
Bouches grandes et petites,
Chantons, tristes comme un glas :
Tu t'en vas et tu nous quittes;
Tu nous quitt's et tu t'en vas !

LES COCOTTES

Toi qui, de l'horizontale,
Orne le boudoir discret;
Homme à la beauté fatale,
Que nous aimions en secret;

Pour aller, par tes mérites,
Charmer les cœurs auvergnats,
Tu t'en vas et tu nous quittes ;
Tu nous quitt's et tu tu t'en ves !

LES PHOTOGRAPHES

Favori du photographe,
Fortune des objectifs ;
Toi dont le portrait agrafe
Les passants inattentifs ;
Soldat, par qui les pépites,
Chez nous affluaient en tas,
Tu t'en vas et tu nous quittes ;
Tu nous quitt's et tu t'en vas !

LES CHANSONNIERS

Bon gibier à chansonnettes
Qu'on voudrait courir toujours :
Que chanteurs et clarinettes
Vont célébrant dans les cours ;
C'est ainsi que tu t'acquittes,
Ingrat parmi les ingrats !
Tu t'en vas et tu nous quittes ;
Tu nous quitt's et tu t'en vas !

LES CAMELOTS

Seule gloire de la France,
Kléber aux cheveux bouclés ;
Toi qui faisais concurrence
A « la sûreté des clefs » ;

Réformateur des guérites,
Tu nous mets dans l'embarras :
Tu t'en vas et tu nous quittes ;
Tu nous quitt's et tu t'en vas !

10 juillet 1887.

A MON AMI JULES PERRIN, DE L'ELDORADO.

PARTIRA !... PARTIRA PAS !!...

(Dernier écho du départ de Boulanger.)

Air : *Ça vous coup' la gueul' à quinz' pas.*

Huit heures du soir, devant la gar' de Lyon,
 Deux badauds caus'nt, d'un air sinistre,
Du héros du jour, aigle, coq et lion,
 De Boulanger, ancien ministre.

PREMIER BADAUD

Je vous répèt' qu'il partira ;
D' rester à Paris l' ministèr' l'empêch'ra !...

DEUXIÈME BADAUD

Tant pis ; car on tap'ra dans l' tas ;
Moi j' vous dis qu'i' n' partira pas !

PREMIER BADAUD

En l' prônant ainsi, dans vos bêt's de chansons,
 Vous en f'rez un autr' Bonaparte.

DEUXIÈME BADAUD

I' canonn'ra l' peuple, oui, nous la connaissons !
 Ça n' fait rien, i' n' faut pas qu'il parte !

PREMIER BADAUD

Ben, moi, j' soutiens qu'il partira...
S'il fait le malin, eh bien, on l'enferm'ra !

DEUXIÈME BADAUD

On n' pourra jamais l' fiche en bas;
Moi j'vous dis qu'i' n' partira pas !

PREMIER BADAUD

Vous voudrez en vain lui défendr' de partir ;
Il faudra bien qu'il prenn' la porte !

DEUXIÈME BADAUD

Nous nous mettrons d'vant pour l'empêcher d'sortir !
C'est l' ministèr' qu' faut qu'on déporte !
Nous nous attach'rons à ses pas !...
Nous f'rons sauter le train, mais i' n' partira pas !

PREMIER BADAUD (chantant par l'aut' côté):

Imbécile ! avez-vous senti ?...
Vous voyez bien qu'il est parti !...

11 juillet 1887.

A MON AMI ANDRÉ GRESSE.

MONSIEUR ET MADAME DE...

« Ce sont de très grandes dames !... »
(*La Tour de Nesles.*)

AIR : *Monsieur et madame Denis.*

(Madame est couchée et contemple amoureusement une petite photographie. A l'entrée — inattendue — de monsieur, madame cache vivement le portrait sous l'oreiller.)

— Que cachez-vous donc ainsi,
Ma chère, quand j'entre ici ?...

— Mon ami, c'est le présent,
   Souvenez-vous-en ! (bis)
Que, pour fêter notre amour,
Vous me fîtes, l'autre jour.

— Calmant mon injuste émoi,
Madame, montrez-le-moi.
— Mais, monsieur, en m'épousant
   Souvenez-vous-en ! (bis)
Vous promîtes qu'entre nous,
Vous ne seriez pas jaloux.

— Au moins, dites-moi le nom
De cet objet, ou, sinon !... (Il lève la main)
— Ah ! vous devenez rasant !
   Souvenez-vous-en ! (bis)
En employant ce moyen,
Vous n'obtiendrez jamais rien.

— J'ai tort... Ne m'en veuillez pas...
Dites-moi ce nom tout bas.
— C'est un portrait qu'à présent,
   Souvenez-vous-en ! (bis)
L'on rencontre, en chaque main,
Dans le faubourg Saint-Germain.

— Ce Lovelace vainqueur
Fait donc battre plus d'un cœur ?...
— Son succès est écrasant,
   Souvenez-vous-en ! (bis)
La duchesse du Graillon
L'a fait faire en médaillon !

— Enfin, quel est ce portrait ?...
Je garderai le secret.
— J'ai tort en vous le disant...
Souvenez-vous-en ! (*bis*)
Eh bien, c'est, mon cher ami,
Le portrait de Pranzini !

13 juillet 1887.

A MON AMI PIERRE RIVOIRE [1].

LE 14 JUILLET DU VAGABOND

Depuis trois mois, j' suis sans ouvrage ;
Partout on m' dit que j' suis trop vieux.
Je ne manqu' pourtant pas d' courage ;
Mais les bras s'en vont, et les yeux.
J'ai bûché pendant tout' ma vie ;
Oui, mais quand on n'est pas patron,
On peut pas fair' d'économie...
C' qui fait qu'aujourd'hui j'ai pas l' rond.

Sans vouloir poser au sceptique,
J' vous d'mande un peu qu'est-c' que ça m' fait
Que ça soy' le quatorz' juillet...
J' peux pas fêter la République.

Dans c'te foul', qui pass' comme un fleuve,
L' bourgeois montr' ses plus beaux habits ;
L'ouvrier exhib' sa blous' neuve.
Moi, comm' vous voyez, j'ai rien mis.
C'est p't-êtr' ben pour ça qu'on me r'garde...
Pourtant j' suis un bon citoyen...

1. Benoît, éditeur, 13, faubourg Saint-Martin. Paris.

J' voudrais bien m'ach'ter un' cocarde :
Mais j'ai pas d' quoi m'ach'ter du pain.

(*Au refrain.*)

Ah ! oui ! j' sais bien qu'à la mairie,
Aujourd'hui i's donn'nt à manger ;
Mais bien qu' dans l' ventre, j' sens qu' ça m' crie,
Pour ça je n' peux pas m' déranger.
Qu' d'autr's aill'nt y chercher la pâtée,
Moi j' m'abstiens ; car j' pens' qu'on f'rait mieux,
Au lieu d' les nourrir un' journée,
D' fair' des Invalid's pour les vieux !

(*Au refrain.*)

Tout's les maisons sont pavoisées,
Les gar's, les églis's, mêm' les ch'vaux.
Ce soir, ça s'ra chouette, aux croisées,
Tous ces lampions, tous ces drapeaux.
Moi, quand j'en aurais, où les mettre ?...
Depuis trois mois, j'ai pas d' log'ment...
J' peux pas illuminer ma f'nêtre,
Puisque, la nuit, j' couch' su' un banc !...

(*Au refrain.*)

Ça m'étourdit, tout' cett' cohue !
I's m'ennui'nt, tous ces gens heureux
Qui se balladent dans la rue,
En poussant un tas d' *cris* joyeux !
Ben, moi, je n' cri' rien et pour cause ;
Car, bien que j' soy' républicain,

C'est tannant d' crier « viv' » quèqu' chose,
Lorsque, soi-même, on crèv' de faim !
(*Au refrain.*)

15 juillet 1887.

A MON AMI BOMBLED.

LE VITRIOL

« Encore le vitriol. »
(*Cliché pour faits divers.*)

Air : *V'là l' vitrier qui passe !*

Le vitriol,
Sur notre sol,
Chaque jour nous pourchasse.
C'est épatant !
A chaque instant,
Dans la rue, on entend :

REFRAIN

Encore un passant d' blessé :
V'là l' vitriol qui passe.
Encore un passant d' blessé :
V'là l' vitriol passé !

C'est positif :
Ce corrosif
Qui jamais ne se lasse,
Encombre nos
Mille journaux
Et tous les tribunaux.

(*Au refrain.*)

D'vant l' thé qui bout,
Madam' Gibou
Se dit : « Voyons c' qui s' passe ;
C'est infernal !...
Pyramidal !!... »
Qu'a-t-ell' lu dans l' journal ?...
(*Au refrain*)

Son gros bedon
Sous l'édredon,
A sa femm' qui l'embrasse,
Monsieur Denis
Dit : « Non, finis,
Écout' plutôt ce que je lis : »
(*Au refrain.*)

Dans ce Paris
Où mille cris,
Résonnent dans l'espace,
De l'aube au soir
Et sans s'asseoir,
L' cam'lot gueul' su' l' trottoir :
(*Au refrain.*)

Cora, Nana,
Lisa, Lina,
Blanche, Rose et Victoire,
L'air furieux,
A qui mieux mieux,
Chant'nt à leurs amoureux :

C'est ta poir', ta poir', ta poire ! \
C'est ta poire qu'il nous faut ! } *Bis.*
Oh ! oh ! oh ! oh ! /

30 juillet 1887.

A MON AMI EDMOND LEPELLETIER.

LE DUEL FERRY-BOULANGER

Air du Bureau de placement

Boulanger s' trouvant insulté,
Par Jules Ferry, cett' sal'té,
Les témoins convinr'nt, entre eux tous,
    D'un premier rendez-vous.

Dans cette premièr' réunion,
Cherchant qui qu'aurait l' choix des armes,
I' reconnur'nt que les pieds d' gendarmes,
D'ordinair' ne sentaient pas bon.
Après cett' grav' conversation,
Afin de remplir leur mission,
Les témoins convinr'nt, entre eux tous,
    D'un second rendez-vous.

Dans cette second' réunion,
Réglant les conditions d' la lutte,
Ils r'connur'nt que les sons d' la flûte
Différaient d' ceux d' l'accordéon.
Après cett' grav' conversation,
Afin de remplir leur mission,
Les témoins convinr'nt, entre eux tous,
    D'un troisièm' rendez-vous.

Dans cette troisièm' réunion,
Cherchant le terrain d' la rencontre,
Ils reconnurent qu'une montre
Valait mieux à répétition.
Après cett' grav' conversation,
Afin de remplir leur mission,
Les témoins convinr'nt, entre eux tous,
    D'un autre rendez-vous.

Dans cett' quatrièm' réunion,
Choisissant l'heur' de la bataille,
Ils constatèr'nt que l' train d' Versaille
N'était pas celui d' Charenton.
Bref, ils conversèr'nt si longtemps
Qu' sur le terrain, les combattants
Ne pur'nt enfin mettre habit bas
    Que l' lendemain d' leur trépas.

3 août 1887.

A MON AMI LUDOVIC CHÉNARD.

LES SANS-VACANCES

Air de la *Légende de Saint-Nicolas*.

Loin des champs où les écoliers
Sautent, sans pions et sans colliers,
Oubliant collège ou pension,
Dans les maisons de correction
Il est des pauvr's petits enfants
Qui sont enfermés tout le temps.

Ils voudraient bien, en liberté,
Vivre aussi les beaux jours d'été.
Mais, hélas! leur triste horizon
C'est le mur noir de la prison.
Il est des pauvr's petits enfants
Qui sont enfermés tout le temps.

Ils voudraient inventer des jeux
Et courir dans les chemins creux ;
Mais hélas! leurs bois, leurs halliers,
C'est le mur blanc des ateliers.
Il est des pauvr's petits enfants
Qui sont enfermés tout le temps.

Ils voudraient bien, en s'endormant,
Redire aussi : « Bonsoir, maman! »
Mais, hélas! leurs sombres parents
C'est l'œil soupçonneux des tyrans.
Il est des pauvr's petits enfants
Qui sont enfermés tout le temps.

Ils voudraient bien aussi, chez eux,
Rêver dans de bons lits moelleux.
Mais, hélas! leur bon lit bien chaud
C'est la paillasse et le cachot.
Il est des pauvr's petits enfants
Qui sont enfermés tout le temps.

Collégiens, qui vous en allez
Cueillir les bleuets dans les blés,
Quand les feux du soleil couchant,
Le soir, viendront rougir le champ,

Pensez aux pauvr's petits enfants
Qui sont enfermés tout le temps.

4 août 1887.

A MON AMI ERNEST LEBLANC.

JULES FERRY ET Cⁱᵉ

Air : *Les Portraits de famille.*

D'un bout à l'autr' de la liste
De la bande opportuniste
On n' trouv' que des putréfiés,
Comme à la morgu' des noyés.

Qui qui sent comme un évier ?
　　C'est Rouvier.
D'un gros bobo qui qu'a l'air ?
　　C'est Spuller.
Qui qui r'ssemble au crim' du Pecq ?
　　C'est Waldeck.
Mais qui qu'est le plus pourri ?
　　C'est Ferry.

Dans ce parti détestable,
Chacun triche sous la table
Et cueille l'or à pleins bras
Dans le sang de nos soldats.

Qui qui fond comm' l'épervier ?
　　C'est Rouvier.
En vautour qui qui fend l'air ?
　　C'est Spuller.

Qui fouill' des griff's et du bec ?
  C'est Waldeck.
Qui vol' son pays meurtri ?
  C'est Ferry.

   Par leur louche politique,
   Le char de la République
   De Paris s'éloign' tout l' temps
   Et prend l' chemin... d'Orléans.
D' la rout' qui qui l' fait dévier ?
  C'est Rouvier.
Dans l' fossé qui l' fait roulerr ?
  C'est Spuller.
Qui qui fait du bois avec ?
  C'est Waldeck.
De voir tout ça qui qui rit ?
  C'est Ferry.

   Mais la France, leur victime,
   A leur valeur juste estime
   Cette horde de vendus,
   Tout au plus dign's d'êtr'e pendus.
Qui qu'ell' r'gard' comm' son bouvier ?
  C'est Rouvier.
Qui r'ssemble aux *Brigands* d' Schiller ?
  C'est Spuller.
Qui qu'est coté comme un grec ?
  C'est Waldeck.
De tous qui qu'est l' plus flétri ?
  C'est Ferry.

5 août 1887.

LES CHANSONS DE L'ANNÉE.

A MON AMI AUGUSTE MUSSELEC.

L'OPINION DE JEAN PROLO

— Tiens, v'là Prolo ! Viens prendre un verre.
— J'ai que l' temps d' filer au chantier.
— Allons, voyons, laiss'-toi donc faire ;
Su' l' pouce allons prendre un d'mi-s'tier.
Qu'est-c' qu'on pens', dans l' mond' qui travaille,
Du duel Boulanger-Ferry ?
— On dit qu' le r'vers et la médaille
Ne valent pas mieux ; v'là c' qu'on dit.

Moi j' coup' pas plus dans la Boulange
Que d' Ferry je n' me fais l'écho.
Crois-moi, l' démon n' vaut pas moins que l'ange
Tout ça, c'est kif-kif bourrico.

J' sais bien qu' la plus vil' des crapules
N' va pas à la ch'vill' du Vosgien.
Mais crois-tu qu'Ernest, plus que Jules,
Du populo désir' le bien ?
Sois certain que, quand l' socialisme
Voudra rendr' les coups qu'il a r'çus,
L' boulangisme et l'opportunisme
S' rabiboch'ront pour taper d'ssus.

Moi j' coup' pas plus dans la Boulange
Que d' Ferry je n' me fais l'écho,
Crois-moi, l' démon n' vaut pas moins qu' l'ange :
Tout ça, c'est kif-kif bourrico.

Aucun de ces deux homm's n'est nôtre :
Si j'avais dirigé l' combat,
J' les aurais placés l'un sur l'autre,
L' politicien près du soldat.
Mort pour mort, répliq' pour réplique.
Tu vois d'ici l' tableau, mon vieux :
Quel bonheur pour la République,
S'ils s'étaient tués tous les deux !

Moi j' coup' pas plus dans la Boulange
Que d' Ferry je n' me fais l'écho.
Crois-moi, l' démon n' vaut pas moins qu' l'ange :
Tout ça, c'est kif-kif bourrico.

6 août 1887.

A MON AMI AMÉDÉE THIBOUT.

LES DEUX FLOQUET
OU
VINGT ANS APRÈS

> « M. Floquet, l'ex « vive la Pologne, monsieur ! », y est allé de sa lettre de condoléances. »
>
> (*Cri du peuple. — La mort de Katkoff.*)

LE FLOQUET DE 1867

Dans le grave et sombre domaine
Où « Thémis pèse ses arrêts »,
Alexandre Deux se promène.
Soudain, ployant sur ses jarrets,
Floquet rugit, bondit, s'élance !
Au czar, pape et roi, presque dieu,

Il jette un cri, comme une lance :
« Viv' la Pologn', môssieu ! »

LE FLOQUET DE 1887

Floquet, président, fait ce rêve :
Pétersbourg. Un homme est pendu.
Aux lèvres du martyr qui crève,
Courent des mots : « Traître !... Vendu !... »
Se redressant, plein d'importance,
Floquet proteste, et, l'œil en feu,
Dit, sans saluer la potence :
« Vive le czar, môssieu ! »

7 août 1887.

A MON AMI H. GALLI.

LE SIRE DE FISCH-TONKIN

Air du *Sire de Fisch-ton-Kan*.

Quand les Chambr's n' s'ront plus en ballade,
Si vous rencontrez dans Paris !
 Trez dans Paris !
Un vieux garçon de limonade
Agrémenté d' longs favoris,
 Longs favoris !
N' croyez pas qu' c'est l' fameux Eugène
Dont on parle dans *Francillon;*
 Dans *Francillon !*
Car ce reptile qui s' promène,
En traçant un gluant sillon,
 Gluant sillon !

C'est le sir' de Fisch-Tonkin
 Qui n' va pas-t-en guerre !
Une ball' dans l' casaquin,
 Ça n' lui convient guère.
 Quand on l'interpelle,
 Comme un lâche, il s'enfuit,
 V'là l' portrait fidèle
 D' monsieur Jul's Ferry

Il exhibe un piton énorme,
Superbe, d' la base au sommet ;
 Base au sommet !
Mais c' piton n'est là qu' pour la forme
Et n' tient pas du tout c' qu'il promet,
 Tout c' qu'il promet !
Malgré les croyanc's que l' vulgaire
Attache à c' masculin appas,
 Culin appas !
Un Pranzini qui n'en a guère,
Un Pranzini qui n'en a pas,
 Qui n'en a pas !
 (*Au refrain.*)

Sous le nom superbe de Jules
Qu' leurs parents leur avaient donné,
 Avaient donné !
Un tas d' fripouill's, un tas d' crapules,
Successivement ont gouverné.
 Ont gouverné !
Nous eûm's, comm' chefs ou comm' ministres,
Jul's Favr', Jul's Simon. Jul's Trochu ;

Mon, Jul's Trochu !
Mais, parmi tous ces Jul's sinistres,
Le plus aplati, l' plus déchu
Ti, l' plus déchu !
(*Au refrain.*)

11 août 1887.

A mon ami Gustave Rivet.

IL REVIENDRA

Air : *En r'venant d' la r'vue.*

O peuple oublieux qui tolère
Qu'on traite un homme comme un saint,
Gare au « général populaire » !
Car il sera ton assassin.
Ne crois jamais à sa promesse :
Le pouvoir vaut bien une messe.
Sache-le, quel que soit son nom,
Il te réserve le canon,
  Laisse tous les bourgeois,
  « Respectueux des lois »,
Se prosterner avec ferveur
Sur le passage d'un « sauveur »
  Ah ! reste sous ton toit !
  Du passé souviens-toi !
  Bon peuple qu'on endort,
Monsieur Cavaignac n'est pas mort !
    Il reviendra
    Quand Juin reparaîtra,

Héroïque, sur la
    Place publique !
Il reviendra,
Parjure et scélérat,
Il assassinera
    La République !

. . . .

Peuple, tu n'es plus en layette ;
Contemple, sans te déranger,
Le cheval blanc de La Fayette,
Le cheval noir de Boulanger.
Ne souffre pas qu'on te harnache
Au char qui traîne ce panache ;
Songeant à tes anciens bourreaux,
Regarde-le bien, ce « héros » :
    Le regard incertain
    Qui rayonne où s'éteint ;
Yeux vagues, « féroces et doux »
Du dieu qu'on adore à genoux ;
    Front où l'ombre s'étend
    Et l'air inquiétant
    Du chien qui lèche ou mord :
Monsieur Cavaignac n'est pas mort !

    Il reviendra
Quand Juin reparaîtra,
Héroïque sur la
    Place publique !
Il reviendra
Parjure et scélérat,

Il assassinera
La République !
13 août 1887.

A MON AMI ALEXIS BOUVIER.
BONS GENDARMES

> « Le maréchal des logis Darc*t*
> prit par la peau la petite chienne ;
> puis, dégaînant, il frappait de la
> pointe si violemment, que les
> coups transperçaient l'animal et
> s'enfonçaient dans le mur. »
> *(Affaire des Moulineaux.)*

AIR : *Qué cochon d'enfant !*

LE GENDARME DE JOINVILLE

Un gibier qui me canule,
 C'est les amoureux.
Moi j' trouv' que c'est ridicule,
 Leurs airs langoureux.
I' n' faut pas qu'i's m' cherchent noise,
 Ces oiseaux charmants !
Où j' tir' dessus, quand j' les croise ;
 J'aim' pas les amants ! (*bis.*)

LE GENDARME DE SAINT-CLOUD

Une race que j'abhorre,
 C'est les chansonniers ;
Ça se moqu' du brav' Pandore,
 Du haut d' leurs greniers.
Quand quelque croqueur de notes,
 D'vant moi fil' des sons,
J' lui fais mettre les menottes :
 J'aim' pas les chansons ! (*bis.*)

LE GENDARME DES MOULINEAUX

Un animal qui m'agace,
    Pour sûr, c'est l' toutou.
Ça vous gêne, quand on passe ;
    Ça se fourr' partout.
Dir' qu'y' en a qui font commerce
    Avec ces nabots !
Moi, d' mon sabre, j' les transperce :
    J'aim' pas les cabots ! (*bis*)

LE CABOT ASSASSINÉ

Si j'avais été d' la taille
    Du chien d' Montargis.
J'aurais tué dans la bataille,
    Le maréchal-gis.
Contre un p'tit chien sans défense
    Ça s' s'ert de ses arm's !
Ça fait honneur à la France !
    J'aim' pas les gendarm's ! (*bis*)

16 août 1887.

A MON AMI HENRY FOUQUIER.

LE PEUPLE ET LA FOULE

> « Pendant toute la journée, la foule n'a pas cessé de stationner autour de ces deux malheureuses, et nous avons remarqué des passants, qui, égayés par ce spectacle navrant, *s'offraient la distraction de disperser et de traîner dans la rue le reste du pauvre mobilier.* »
>
> (*Le scandale de la rue Demours.*)

Méchants railleurs de vieilles femmes,
Voleurs de petits mobiliers,

Vous êtes des roquets infâmes
Soupirant après les colliers !
Le vrai Peuple te répudie,
Foule, si dure aux indigents :
Le Peuple, au malheur remédie ;
La Foule insulte aux pauvres gens.

Le Peuple ne veut pas de maître,
Qu'il vienne d'en bas ou d'en haut.
La Foule aspire à se soumettre ;
C'est son Boulange qu'il lui faut.
Sans chef, elle perd l'équilibre
Et cherche, comme un chien errant :
Le Peuple désire être libre ;
La Foule a besoin d'un tyran.

Le Peuple hait la guillotine,
Lucarne ouvrant sur l'infini.
La Foule, cruelle et mutine,
Attend la mort de Pranzini.
Des quatre coins du voisinage,
Vers l'échafaud elle descend :
Le Peuple a l'horreur du carnage ;
La Foule aime à lécher le sang.

Le Peuple, affamé, se révolte
Et meurt aux jours sanglants de mai.
La Foule, oublieuse, récolte
Ce que les martyrs ont semé.
Elle rend, frissonnante et blême,
Des baisers pour les coups reçus :

Le Peuple, je l'admire et l'aime ;
La Foule, je crache dessus.

17 août 1887.

A MON AMI GUILLAUME LIVET.

LE CONGRÈS OUVRIER

Air : *T'en souviens-tu ?*

Les députés, au Parlement, rugissent
Et tournent dans un cercle vicieux.
Les travailleurs parlent peu, mais agissent ;
Avocassiers, gare aux silencieux !
Pour affronter l'orage qui s'approche,
Près du grand mât venez vous réunir :
La bourgeoisie, au passé, se raccroche ;
Les ouvriers préparent l'avenir.

Les députés, sans barre et sans boussole,
Laissent voguer leur vieux bateau moisi.
Les travailleurs, transformés par l'école
Marchent tout droit au but qu'ils ont choisi.
Ils vont, chantant, car leur victoire est proche ;
Comme la mer, on les entend venir.
La bourgeoisie, au passé, se raccroche ;
Les ouvriers préparent l'avenir.

Les députés, à gauche, comme à droite,
Cherchent un frein au flot envahisseur ;
Le capital, vieille rosse qui boite,
Voudrait en vain fuir son équarrisseur.

Des travailleurs la foule se rapproche;
Contre son choc rien ne pourra tenir.
La bourgeoisie, au passé, se raccroche;
Les ouvriers préparent l'avenir.

Parlez, bourgeois, verts, bleus, blancs, roses, rouges;
Le peuple, enfin, n'est plus votre valet.
Vous qui vouliez le chercher dans ses bouges,
Il vous mettra sa main rude au collet.
Vils charlatans, Mangins parlementaires,
Vos boniments sont bien près de finir.
Elle viendra, l'heure des prolétaires :
Les ouvriers préparent l'avenir.

19 août 1887.

A MON AMI WILLY.

ZOLA DÉGOUTE BONNEMAIN

(Extrait du *Figaro*.)

« Il est nécessaire que, de toute la force de notre jeunesse laborieuse, de toute la loyauté de notre conscience artistique, *nous adoptions un tenue et une dignité en face d'une littérature sans noblesse;* que nous protestions au nom d'ambitions saines et viriles, au nom de notre culte, de notre amour profond, de notre suprême respect pour l'Art. »

Signé :
L'Auteur de *Charlot s'amuse*;
Le Cornac de *Sarah Barnum*.

Bonnemain, qui, quoi qu'on en dise,
N'est pas crevé sous le haro,
Asperge de sa marchandise
Les colonnes du *Figaro*.

Bayard du plaisir solitaire,
Il lutte, son arme à la main.
On pète par trop dans la *Terre* :
Zola dégoûte Bonnemain.

De son œil oubliant la poutre,
Quittant son amoureux chez lui,
Il s'élance, foutre de foutre !
Et fond sur la paille d'autrui.
Aux regards de tous il épanche
Sa bile, le long du chemin.
Le Maître branle dans le manche :
Zola dégoûte Bonnemain.

Don Quichotte de l'onanisme,
Drapé dans un méchant factum,
Il enfourche, plein d'héroïsme,
Le bidet de *Sarah Barnum*.
Oui, l'auteur de *Charlot s'amuse*,
Sur sa joue, ainsi qu'un carmin,
Sent monter la Pudeur, sa Muse !
Zola dégoûte Bonnemain.

Voyons, Charlot, respect aux nôtres !
Le plaisir rend l'homme si doux !
Ne faites pas ça sur les autres ;
Gardez vos saletés pour vous !
Historien d'un vice immonde,
Un peu plus de respect humain !
Vrai, j'en rirai dans l'autre monde !
Zola dégoûte Bonnemain !

20 août 1887.

A mon ami Jules Lemaitre.

LES CINQ

(A propos de l'affaire Zola-Bonnetain, Rosny,
Descaves, P. Margueritte, G. Guiches).

Air de la *Légende de Saint-Nicolas.*

Dans un beau pays, très lointain,
Où c'est la nuit, quand c'est matin,
Partirent cinq frêles marmots,
Pou.. tuer les grands animaux.

Il était cinq petits enfants
Qui chassaient les gros éléphants.

Un jour, n'en croyant pas leurs yeux,
Ils en aperçurent un vieux.
Sur la plaine il était si grand,
Qu'il masquait le soleil levant.

Il était cinq petits enfants
Qui chassaient les gros éléphants.

Afin de lui faire du mal,
Ils rampèrent vers l'animal ;
Puis s'assirent sur leur séant,
Autour de l'énorme géant.

Il était cinq petits enfants,
Qui chassaient les gros éléphants.

Ils avaient pris, sur les chemins,
Des cailloux trop lourds pour leurs mains,
Qu'ils jetèrent, le jour durant,
Sur le colosse indifférent.

Il était cinq petit enfants
Qui chassaient les gros éléphants.

Voyant qu'il ne se bougeait point,
Les gosses, lui montrant le poing,
S'en approchèrent pas à pas,
Afin d'achever son trépas.

Il était cinq petits enfants
Qui chassaient les gros éléphants.

Tous les cinq, l'un l'autre s'aidant,
A grand' peine, sans accident,
Pour prendre leur gibier trop gros,
Ils lui montèrent sur le dos.

Il était cinq petits enfants
Qui chassaient les gros éléphants.

Soudain, le géant remua ;
Chaque petit enfant tomba ;
Et le colosse était si grand
Qu'ils se tuèrent en tombant.

L'éléphant mange, sans remords ;
Et les petits enfants sont morts.

  21 août 1887.

A Louise Michel.
AVANT L'EXÉCUTION
Air : *C'est la poire !*

LES BOIS DE JUSTICE

C'est nous les bois de justice :
Nous chômons depuis longtemps.
L'araignée, à l'ombre, tisse
Sa toile entre nos montants.
Nous vieillissons, c'est notoire ;
Car le sang nous fait défaut.
  Oh ! oh ! oh ! oh !
C'est à boire, à boire, à boire ! } *Bis.*
C'est à boire qu'il nous faut !

LE GLAIVE, LE PANIER ET LE SON

Privés du beau sang qui mouille,
Dans un coin nous sommeillons.
Sous la poussière et la rouille,
Sombres, nous nous ennuyons ;
Sinistres, dans l'ombre noire,
Nous attendons le bourreau,
  Oh ! oh ! oh ! oh !
C'est à boire, à boire, à boire ! } *Bis.*
C'est à boire qu'il nous faut !

CEUX QUI ATTENDENT SUR LA PLACE

Nous sommes la populace ;
Nous gueulons à Pratzini !

— On s'embête sur la place !
Ça s'ra-t-i' bientôt fini !
De ton sang nous voulons boire
Sous les pieds de l'échafaud !
  Oh ! oh ! oh ! oh !
  C'est ta poir', ta poir', ta poire ! ⎫
  C'est ta poire qu'il nous faut ! ⎭ Bis.

28 août 1887.

A MON AMI OCTAVE MIRBEAU.

LA « VEUVE »

La veuve, auprès d'une prison,
Dans un hangar sombre, demeure.
Elle ne sort de sa maison
Que lorsqu'il faut qu'un bandit meure.
Dans sa voiture de gala
Qu'accompagne la populace,
Elle se rend, non loin de là,
Et, triste, descend sur la place.

Avec des airs d'enterrement,
Qu'il gèle, qu'il vente, ou qu'il pleuve,
Elle s'habille lentement,
    La Veuve.

Les témoins, le prêtre et la loi,
Voyez, tout est prêt pour la noce.
Chaque objet trouve son emploi :
Ce fourgon noir, c'est le carrosse.
Tous les accessoires y sont :
Les deux chevaux, pour le voyage,

Et les deux paniers pleins de son :
La corbeille de mariage.

Alors, tendant ses longs bras roux,
Bichonnée, ayant fait peau neuve,
Elle attend son nouvel époux,
      La Veuve.

Voici venir son prétendu,
Sous le porche de la Roquette,
Appelant le mâle attendu,
La Veuve, à lui, s'offre, coquette.
Pendant que la foule, autour d'eux,
Regarde, frissonnante et pâle,
Dans un accouplement hideux,
L'homme crache son dernier râle.

Car ses amants, claquant du bec,
Tués dès la première épreuve,
Ne couchent qu'une fois avec
      La Veuve.

Cynique, sous l'œil du badaud,
Comme, en son boudoir, une fille,
La Veuve se lave à grande eau,
Se dévêt et se démaquille.
Impassible, au milieu des cris,
Elle retourne dans son bouge.
De ses innombrables maris
Elle porte le deuil en rouge.

Dans sa voiture se hissant,
Gouge horrible, que l'homme abreuve,

Elle rentre cuver son sang,
La Veuve.

30 août 1887.

A MON AMI E. BOURBIER.

PLACE DE LA ROQUETTE
(Scie parisienne)

Air du Bureau de placement

Voulant voir le raccourciss'ment
D' Pranzini, trop célèbre amant,
Plac' de la Roquett', jeudi soir,
    Sur un banc j' vins m'asseoir.

J' restai cinq heur's à m'ennuyer,
En f'sant des ronds avec ma canne.
Ne voyant rien v'nir, comm' sœur Anne,
Au jour, j' partis pour l'atelier.

De sommeil et d' fatigu' tombant,
Prenant place sur le mêm' banc,
A la Roquett', vendredi soir,
    Je retournai m'asseoir.

J' restai cinq heur's à m'ennuyer,
En f'sant des ronds avec ma canne.
Ne voyant rien v'nir, comme sœur Anne,
Au jour, j' partis pour l'atelier.

De sommeil et d' fatigu' tombant,
Prenant place sur le mêm' banc,

Plac' de la Roquett', sam'di soir,
    Je retournai m'asseoir.

J' restai cinq heur's à m'ennuyer,
En f'sant des ronds avec ma canne.
Ne voyant rien v'nir, comm' sœur Anne,
Au jour, j' partis pour l'atelier.
De sommeil et d' fatigu' tombant,
Prenant place sur le mêm' banc,
Plac' de la Roquett', dimanch' soir,
    Je retournai m'asseoir.

J' restai cinq heur's à m'ennuyer,
En f'sant des ronds avec ma canne.
Ne voyant rien v'nir, comm' sœur Anne,
Au jour, j' partis pour l'atelier.
De sommeil et d' fatigu' tombant,
Prenant place sur le mêm' banc,
Plac' de la Roquett' lundi soir,
    Je retournai m'asseoir.

J' restai cinq heur's à m'ennuyer,
En f'sant des ronds avec ma canne,
Ne voyant rien v'nir, comm' sœur Anne,
Au jour, j' partis pour l'atelier.
Le lend'main de sommeil tombant,
Chez moi, j' dus rester sur le flanc.
Et c'était juste, quel guignon !
    L' jour de l'exécution.

1ᵉʳ septembre 1887.

A MON AMI HUGUES LE ROUX.

L'EXÉCUTION DE PRANZINI
(Tableau de mœurs.)

Air : de *En r'venant d' la r'cue.*

Pour distraire un peu ma famille,
J'avais fait l' projet, d'puis lundi,
D'emm'ner mon fils, ma femm', ma fille
Voir l'exécution d' Pranzini.
C' matin, comme il sonnait une heure,
L' sergot qui, dans not' maison, d'meure,
Vint nous dire, en r'montant chez lui :
« Levez-vous ! c'est pour aujourd'hui ! »
    Enfilant not' vêt'ment,
    Nous descendons viv'ment,
Chacun emportait ce qu'il faut,
Afin d' voir un bout d' l'échafaud.
    Mon fils qu'est un nabot,
    Portait un escabeau ;
    Mon épouse un pliant ;
Ma fille et moi, chacun un banc.

    Nous tenant l' bras
    Nous marchions à grands pas.
    Moi j' répétais tout bas
      A Joséphine :
      « J' vas vous lâcher ;
    Tâchez d' vous dépêcher !
    Où nous allons manquer
      La guillotine ! »

Enfin, nous voilà sur la place !
Derrièr' le cordon des sergots,
Nous restons cinq heur's à not' place,
En nous dressant sur nos ergots.
Tout à coup, on cri' d' fair' silence ;
V'là l'exécution qui commence !
Vite, je grimpe sur mon banc
Et ma famille en fait autant.
  Mon fils dit : « Nom d'un chien !
  Je r'garde et je n' vois rien ! »
Ma femm' dit : « Il a beau fair' jour,
On n'y voit pas plus qu' dans un four. »
  Ma fille ouvr' des quinquets
  Ronds comm' des tourniquets.
  Moi je les ouvre itou...
Pour voir que je n' vois rien du tout.

  Nous tenant l' bras,
  Nous regardions là-bas.
Moi j' répétais tout bas
   A Joséphine :
   « Vrai, c'est rasoir !
C'est vraiment loin, c' trottoir !
I' n'y a pas moyen d' voir
   La guillotine ! »

Essuyant les trac's du carnage.
Deibler s' met à déboulonner.
Chez les troquets du voisinage,
Chacun s'en va saucissonner.

D'vant l' comptoir j'emmèn' ma famille.
J'offre un' grenadine à ma fille ;
J' fais servir un rhum à mon fils ;
A ma femme un verr' de cassis.
  Moi j' prends un morceau d' pain
  Qu' j'arros' d'un canon d' vin.
Je paye et nous nous en allons
En nous marchant sur les talons.
  Pour épater l' client,
  A tout l' monde, en rentrant,
  D'un p'tit air convaincu,
Nous disons qu' nous avons tout vu.

  Nous tenant l' bras,
  Nous marchions à grands pas.
  Moi j' répétais tout bas
   A Joséphine :
   « La prochain' fois,
  Dans un' jumell' de choix,
  J' vous f'rai voir, tous les trois,
   La guillotine ! »

2 septembre 1887.

A MON AMI MAURICE ROLLINAT.

APRÈS L'EXÉCUTION

> « Un simulacre d'inhumation, quelques patenôtres du prêtre, puis les restes du supplicié sont livrés aux élèves de l'École pratique de médecine, qui en attendent la livraison. »
>
> *Cri du peuple.*

Au cimetière d'Ivry, dans la partie du champ de repos vulgairement appelée « Champ-de-Navets ». Debout devant la fosse ouverte qui contient les deux morceaux d'homme, le prêtre chante :

Air de l'*Enterrement*

LE PRÊTRE

Pauvre homme, après le châtiment,
Repose ici paisiblement.
Le ciel, vu l'expiation,
Du sang te fait rémission.
Dans la bonne terre des morts,
Pourris sans peur et sans remords.
Tête sans cou, tronc raccourci,
Le supplice s'arrête ici.

LES CARABINS

Le cerveau, les yeux, l' foie et l' mou,
Troulalaïtou !... Troulalaïtou !...
Nous les arrach'rons d' leur prison,
Et zon, zon, zon !...

Et quand l' cadavre sera vidé,
Gai, gai, gai !... lariradondé !...
Au scalpel on l' découp'ra,
 Larifla, fla, fla !...

LE PRÊTRE

Bien que tu fus un assassin,
La terre t'accepte en son sein;
Car, envers « la société »,
Tu t'es largement acquitté.
Je te le dis, supplicié,
Ce que tu devais est payé.
Décapité, ce sol est tien ;
Au monde, tu ne dois plus rien.

LES CARABINS

D' la tête aux pieds, il nous faut tout;
Troulalaïtou !... Troulalaïtou !...
L'estomac, le cœur et l' poumon.
 Et zon, zon, zon !...
Chaqu' morceau, d'alcool inondé,
Gai, gai, gai !... lariradondé !...
Aux expérienc's servira,
 Larifla, fla, fla !...

LE PRÊTRE

Adieu, pauvre corps décollé !
Repose en ton coin désolé !
Mort anonyme et sans cercueil,
Ta mère portera ton deuil.

Vieille et tremblante, elle viendra.
Clémente elle te parlera.
Un jour, tu sentiras ses pleurs,
Sur toi, faire fleurir les fleurs.

LES CARABINS

Allons, houp, là! Sortez-le du...
Troulalaïtou !... Troulalaïtou !...
Enfin ! v'là la péroraison !
   Et zon, zon, zon !...
Nous n' l'avions pas bien regardé,
Gai, gai, gai !... lariradondé !...
Vrai, quel chouett' sujet c'est là !
   Larifla, fla, fla !...

3 septembre 1887.

A MON AMI GROSCLAUDE.

LA COMMISSION D'INCENDIE
(A propos de la réouverture des Théâtres)

Lorsque revienn'nt les mois fleuris,
Chaque anné', je fil' vers un' plage.
C't' été, j' n'ai pas quitté Paris :
L' devoir me r'tenait au rivage.
Mon beau corps ne s'est pas trempé
Dans l'eau que l' soleil irradie.
Jugez si j'étais occupé :
J' suis d' la Commission d'incendie.

Je prépare la construction
D'un' sall' de théâtre idéale :

Aucun danger de combustion ;
Ni log's, ni gal'ri's, dans la salle ;
Plus d' fauteuils ni de strapontins ;
Rien qu'une immens' port' de sortie.
Dans les baignoir's, j' fais mettr' des bains :
J' suis d' la Commission d'incendie.

L'autr' soir, j' dînais chez un voisin.
Au dessert, sa fill' Léonore
Propos', pour se distraire un brin,
D' jouer à « p'tit bonhomm' vit encore ».
Me levant, j' lui dis sévèrement :
« Mad'moisell' vous ét's bien hardie !
A ce jeu j' m'oppos' formell'ment :
J' suis d' la Commission d'incendie. »

L'autre semaine, à l'Ambigu,
Je regardais jouer un drame ;
L'amant, sur un ton suraigu,
A l'amant' déclarait sa flamme.
Afin de modérer son jeu,
D' ma place, au jeun' premier, je crie :
« Vous lui parlez avec trop d' feu !
J' suis d' la Commission d'incendie. »

Le mois dernier, dans l'omnibus,
J'étais, avec ma fill' Thérèse,
En fac' d'un drôl' d'olibrius
Qu'avait l' bout du nez roug' comm' braise.
Je lui dis : « Monsieur, quand on a
Un nez comm' ça, l'on y r'médie !

I' faut mettr' du blanc su' c' roug'-là :
J' suis d' la Commission d'incendie. »

A l'improviste entrant chez moi,
Je trouve un homme aux pieds d'ma femme.
I' m' dit : « Monsieur, voici pourquoi :
D' votre épous' j'éteignais la flamme !
— Dans ce cas, lui dis-j', d'un ton doux,
Excusez-moi, je vous en prie :
Mon cher collègue, comme vous,
J' suis d' la Commission d'incendie. »

4 septembre 1887.

A MON AMI J. F. RAFFAELLI.

LE PETIT HOMME BRUN
(Epilogue de l'Affaire Pranzini)·

Air du Petit homme gris

L'introuvable complice,
Le petit homme brun
  Que chacun
Cherchait, dans la police,
Doit bien pouffer chez lui,
  Aujourd'hui.
En joyeux garçon,
Il rigole, et son
Rire n'est pas d'emprunt.
Ah! qu'il est gai (*bis*) le petit homme brun!

La rigolade agite
Son ventre sans bedon;

Songez donc!
Tranquille dans son gîte,
Tandis que l'on punit
Pranzini,
Lui que l'on rata,
Il porte un toast à
La santé du défunt!
Ah! qu'il est gai (*bis*) le petit homme brun!

Hier, traqué comme un fauve,
Au hasard, il perchait,
Se cachait.
Maintenant, dans l'alcôve,
Il va pouvoir dormir,
Sans frémir.
Adieu les frissons :
Adieu les soupçons ;
Qu'en reste-t-il? Aucun.
Ah! qu'il est gai (*bis*) le petit homme brun.

De quel roman de crime,
De quels faits perpétrés,
Ignorés,
Pranzini, dans l'abîme,
Emporte-t-il, discret,
Le secret?
On le décolla ;
Dame, il n'est plus là
Pour le dire à quelqu'un.
Ah! qu'il est gai (*bis*) le petit homme brun!

5 septembre 1887.

A MON AMI MAXIME LISBONNE.

LE MONUMENT DE M. THIERS

Thiers, qu'on croyait enseveli
Sous le mépris et le silence,
Sort des ténèbres de l'oubli
Et de son sépulcre s'élance.
Ses valets, devant lui ployés,
Ouvrent un temple à sa statue !
Comme dit Fernand Desnoyers :
Il est des morts qu'il faut qu'on tue.

L'homme de Deutz, de Transnonain,
Souillé du sang de tous ses crimes,
Redressant son torse de nain,
Pour piédestal prend ses victimes !
Il ne se peut pas qu'à Paris,
Ce scandale se perpétue.
Tant pis pour ses restes pourris !
Il est des morts qu'il faut qu'on tue.

Quelle honte ! l'homme de Mai,
Trônant, dans son apothéose,
Près du bataillon décimé
Des martyrs tombés pour la cause !
Peuple, tu ne souffriras pas,
Toi dont la voix longtemps s'est tue,
Cette insulte à ton fier trépas !
Il est des morts qu'il faut qu'on tue.

Il est des cadavres maudits
Dont le voisinage vous souille,
Le Champ-de-Navets des bandits
Convient à leur sale dépouille.
Quand la Commune reviendra,
Thiers, sur ta chapelle abattue,
En effigie on te pendra !
Il est des morts qu'il faut qu'on tue.

6 septembre 1887.

A MON AMI PIERRE DELCOURT

CE QU'ON MANGE A PARIS[1]

(Réflexions d'un crève-la-faim)

Sur ce qu'on boulotte à Paris
Quelqu'un vient d' publier un livre.
A l'en croir', nous somm's tous pourris
Par la mangeaille qu'on nous livre.
Pour ma part, j' m'en moqu' tout à fait ;
   Ônant, les deux tiers de l'année,
J' vous d'mande un peu qu'est-c' que ça m' fait
Qu' la nourritur' soy' falsifiée.

C'est surtout sur ce qu'on n' mang' pas
Que mon attention se porte.
Pendant qu' les autr's prenn'nt leur repas,
En jeûnant, j' les r'gard' de la porte.

---

1. *Ce qu'on mange à Paris*, par Pierre Delcourt. Un volume, à la Librairie Illustrée, 7, rue du Croissant.

J'aval'rais bien, ça c'est un fait,
Un peu d' leur viand', mêm' putréfiée.
J' vous d'mande un peu qu'est-c' que ça m' fait
Qu' la nourritur' soy' falsifiée.

Comm' les ch'mis's Claud', je n' « bouff' jamais »,
Ainsi qu' dit la fameuse affiche.
Les sal'tés qu'on fourr' dans les mets,
Vous comprenez ce que j' m'en fiche.
J' suis pas chargé, comm' le préfet,
D' la santé d' tous, à moi confiée.
J' vous d'mande un peu qu'est-c' que ça m' fait
Qu' la nourritur' soy' falsifiée.

Je m'en moqu', puisque j'ai pas d' pain,
Qu'on mett' du plâtr' dans la farine.
J' m'en bats l'œil, puisque j'ai pas d' vin,
Qu'on y mêl' campêche et fuschine.
Je m'en fich', puisque j' bois pas d' lait,
Que c'te liqueur d'eau soy' noyée.
J' vous d'mande un peu qu'est-c' que ça m' fait
Qu' la nourritur' soy' falsifiée.

De ce jeûn' par trop prolongé,
Je témoign' par ma mauvais' mine.
Mais, quoique maigre, j' suis mangé
Petit à p'tit par la vermine.
Ils s' pay'nt, dans un bonheur parfait,
Ma pauvre carcasse escoffiée.
J' vous d'mande un peu qué qu' ça leur fait
Qu' la nourritur' soy' falsifiée.

7 septembre 1887.

A mon ami Philippe Gille.

LA MARSEILLAISE DES LAVALIENS

> Maintenant que l'auteur des *Noces de Jeannette* a sa statue à Lorient, nous espérons que les habitants de la rue Victor-Massé voudront bien faire disparaître leurs ridicules inscriptions sur calicot : « ici rue de laval ».

Allons, habitants de la rue !
Tout Laval, en troupeau massé,
Pour notre abbesse disparue
Luttons contre Victor Massé ! (*bis*)
Nous triompherons des attaques
De ces amateurs d'opéras
Qui viennent, jusque dans nos bras,
Mettre un autre nom sur nos plaques.

Aux armes, Lavaliens ! Malheur aux musicaux !
Marchons (*bis*) ! Qu'un sang impur baigne nos calicots !

Que veut cette horde d'artistes,
De poètes, de chansonniers ?
Pour qui fait-on passer ces listes
Circulant chez les boutiquiers ? (*bis*)
Quoi, c'est pour nous ! Levons la tête !
Apprêtons-nous à résister !
C'est nous qu'on ose méditer
D'inviter aux *Noc's de Jeannette* !

(*Au refrain.*)

Nous rentrerons dans nos boutiques
Quand les plaques n'y seront plus.
Nous y trouverons nos pratiques
Qui nous vanteront nos vertus. (*bis*)
Désireux de ne pas survivre
Au nom de Laval au cercueil,
Nous aurons le sublime orgueil
De le venger ou de le suivre.
  (*Au refrain.*)

O pauvre abbesse qu'on moleste !
Au milieu des saintes, tes sœurs,
Soutiens-nous, du séjour céleste !
Combats avec tes défenseurs ! (*bis*)
Sur nos calicots, que la Gloire,
A nos côtés, vienne s'asseoir.
Que les bons-à-rien du *Chat Noir*
Soient témoins de notre victoire !
  (*Au refrain.*)

8 septembre 1887.

A MON AMI PAULUS.

M'SIEUR PAULUS

> « La Gironde (littéraire !) fut l' p'tit ruisseau
> d'où est sortie une grrrrande carrière. »
>   TROBLOT.
>   *Cri du peuple.*

Si m'sieur Paulus avait voulu,
  Lanturelu,

Du monde éblouissant la carte,
Au jour, en Corse, il fut venu,
Lanturelu,
Beau comme un demi-dieu de Sparte.
Si m'sieur Paulus avait voulu,
Il eût effacé Bonaparte.

Si m'sieur Paulus avait voulu,
Lanturelu,
Aux lauriers préférant le lierre,
Sous le grand siècle il eût vécu;
Lanturelu,
Génie illuminant la terre.
Si m'sieur Paulus avait voulu,
Il eût épouvanté Molière.

Si m'sieur Paulus avait voulu,
Lanturelu,
Pensif, sous la voûte étoilée,
Le secret du Monde eût tenu,
Lanturelu,
Dans sa large main étalée.
Si m'sieur Paulus avait voulu,
Il eût devancé Galilée.

Si m'sieur Paulus avait voulu,
Lanturelu,
Il eût fait la machine à coudre;
Ou, pour peu que cela lui plût,
Lanturelu,
Au ciel il eût volé la foudre.

Si m'sieur Paulus avait voulu,
Sûr, il eût inventé la poudre.

Si m'sieur Paulus avait voulu,
Lanturelu,
Autre Newton, au front dantesque,
Dans le grand Mystère il eût lu,
Lanturelu,
Et trouvé le Mot gigantesque.
Mais m'sieur Paulus n'a pas voulu :
Il lui suffit d'être grotesque.

9 septembre 1887.

A MON AMI LE BARON DE VAUX.

L'ENQUÊTE

> « Dans l'affaire de l'Opéra-Comique, le parquet ne présentera ses conclusions et ne renverra le dossier à l'instruction que vers la fin du mois de septembre. La décision de M. Guillot ne sera connue que dans le courant du mois d'octobre. »
> *Cri du peuple.*

Monsieur Guillot, juge attentif,
Après une enquête hardie,
Nous dira bientôt le motif
De l'épouvantable incendie.
Moi, ce motif, je l'ai trouvé ;
Je l'apprends au lecteur avide :
Ça ne serait pas arrivé
Si la salle avait été vide.

Carvalho, roi des directeurs,
N'est pour rien dans ce grand sinistre ;
Les crétins sont les spectateurs
Du théâtre qu'il administre ;

Au feu, la foule, c'est prouvé,
Ne s'est pas montrée intrépide.
Ça ne serait pas arrivé
Si la salle avait été vide.

La cause du triste accident,
L'enquête, juste, la proclame :
C'est le peuple idiot, perdant
La tête, au milieu de la flamme;
C'est cette enfant, sur le pavé,
Se jetant, hurlante et livide.
Ça ne serait pas arrivé
Si la salle avait été vide.

La faute en est aux insensés;
A ces femmes à demi-mortes;
Aux gens, dans les couloirs massés
Pour empêcher d'ouvrir les portes;
A ce monde inepte, enclavé,
S'enfermant lui-même, stupide.
Ça ne serait pas arrivé
Si la salle avait été vide.

Si le public était parti,
Tranquille et lent, sans bousculades,
Sain et sauf il serait sorti;
Nous n'aurions ni morts, ni malades.
Son calme, peut-être, eût sauvé
Un coin du théâtre splendide.
Ça ne serait pas arrivé
Si la salle avait été vide.

10 septembre 1887.

A LAURE MARTIN-COUTAN.

POUR LA TOMBE D'ANDRÉ GILL

Peuple, André Gill fut ton frère;
Il t'aimait de tout son cœur.
Quand le sort te fut contraire,
Il flagella ton vainqueur.
Son amour fut sans reproche,
Tendre et fort, doux et viril.
Tire un gros sou de ta poche
Pour la tombe d'André Gill.

Il aimait la gaîté franche
De nos gamins de Paris,
Moineaux chantant sur la branche,
Contre la peur aguerris.
Oiseau des villes, gavroche,
Fais trêve à ton gai babil.
Tire un gros sou de ta poche
Pour la tombe d'André Gill.

Il aimait l'humble ouvrière,
De fleurs parfumant son nid.
Jeune et pauvre conturière,
Arrête un instant, Jenny.
A ton doux corsage accroche
Ton aiguille avec ton fil.
Tire un gros sou de ta poche
Pour la tombe d'André Gill.

Il aimait le beau tapage
Des forges et des chantiers.
Il aimait le gai ramage
Des rabots et des métiers.
Sur le bois qui s'effiloche,
Jean Labeur, lâche l'outil.
Tire un gros sou de ta poche
Pour la tombe d'André Gill.

Du Pouvoir bravant la foudre,
Il aimait les insurgés.
Son esprit vaut bien la poudre,
Peuple, des canons chargés.
Du tien son courage est proche ;
Son crayon vaut ton fusil.
Tire un gros sou de ta poche
Pour la tombe d'André Gill.

Paris de soixante et onze,
Grand Paris, merci pour lui !
Car c'est coulé dans ton bronze
Qu'il ressuscite aujourd'hui.
Il revit dans un fier buste,
Par toi, revenu d'exil.
Nous serrons ta main robuste
Sur la tombe d'André Gill.

11 septembre 1887.

A mon ami Maurice Montégut.

LES VRAIS PAYSANS

(Observés par un Zolaophobe.)

Dans son absurde manie,
Zola ne voit que méchants.
Dans la *Terre*, il calomnie
Les bons travailleurs des champs.
Les campagnards sont des zigues,
Bons, discrets, pas médisants,
Chastes, braves et prodigues :
Voilà les vrais paysans.

Dans d'opulentes toilettes,
Ils gardent des moutons blancs,
En agitant des houlettes
Où brillent mille rubans.
Étendus sur les fougères,
Avec de beaux yeux luisants,
Ils font la cour aux bergères :
Voilà les vrais paysans.

Dans les familles prospères
Des vieux l'on veille aux besoins ;
On entoure les grands-pères
De douceurs, de petits soins.
Ce n'est pas de viande creuse
Qu'on prolonge leurs vieux ans.
Voyez les tableaux de Greuze :
Voilà les vrais paysans.

Dans un beau petit village,
Où tourne un joli moulin,
Babet soupira, volage,
Pour Colas et pour Colin.
Dans l'onde d'une fontaine
Elle se mire au printemps.
Voyez l'œuvre de Sodaine :
Voilà les vrais paysans.

Sous des arbres rose tendre,
Au lieu du grossier Buteau,
Montrez-nous plutôt Clitandre
Tenant un gentil râteau.
Les villageois de la *Terre*
N'ont vécu dans aucun temps.
Représentez-nous Cythère :
Voilà les vrais paysans.

12 septembre 1887.

A MON AMI JEHAN SOUDAN.

LA LETTRE DE L'ACHANTIS

Air de la *Lettre de la Périchole.*

Nous sommes arrivés en France,
Ma belle, à l'heure où je t'écris.
Quelle incroyable différence
Entre notre Afrique et Paris!

Aux portes de l'immense ville,
Nous vivons dans un beau jardin
Où viennent, par mille et par mille,
Le campagnard, le citadin.

Devant la grille qui nous garde,
Tout ce public de mirmidons
Se figure qu'il nous regarde,
Quand c'est nous qui le regardons.

Les beaux messieurs, les belles dames,
Avec de grands airs dégoûtés,
De nos hommes et de nos femmes
Lorgnent les sombres nudités.

Car, dans de riches uniformes,
Eux, ils dissimulent les leurs.
Ils doivent rougir de leur formes
Pour les cacher sous ces couleurs;

Et quoique, faisant bonne chère,
Ils aient l'air pacifique et doux,
Quelque chose me dit, ma chère,
Qu'ils sont plus sauvages que nous.

13 septembre 1887.

À MON AMI LE BARON BARBIER.

LE DÉPLACEMENT DU COLONEL BOUCHY

> M. Bouchy est appelé — ou va être appelé — au commandement d'un autre régiment de cavalerie qui ne sera plus le 3ᵉ dragons, et voilà tout.

Air des *Statues en goguettes*.

C'était hier soir, à Versailles :
Pour aller chercher un cheval,

Hoche, Raphaël des batailles,
Descendit de son piédestal.
De son marbre essuyant les dartres
Que le temps y met, comme un sceau,
Il s'en alla trouver, à Chartres,
Son frère de gloire, Marceau :

« Hop ! les instants sont pressants !
Quitte ton socle, et descends !
Car voilà ce que je lis
Dans un journal de Paris :
L' fameux colonel Bouchy,
D' ses arrêts s'est affranchi.
Cet enn'mi des monuments
Ne fait qu' changer d' command'ments.
Nous ne craignons pas les coups,
Mais faut pas qu'il vienn' chez nous.
— Ça va, dit Marceau, surpris.
Vite! filons à Paris,
Chacun sur not' percheron, ⎫
Trouver l' général Ferron ! » ⎬ Bis.

Hoche dit : « Il nous faudrait celle
Qui dans la gloir' nous devança.
Allons d'mander à la Pucelle
Ce qu'elle pense de tout ça. »
En apprenant cette nouvelle
Jeann' fil', sans trompett' ni tambour.
« Il nous manque Kléber, dit-elle;
Mais, hélas ! il est à Strasbourg ! »

Tous les trois, en galopant,
A Paris clopin-clopant,
Ils arriv'nt et tout d' suit' vont
Trouver l' général Ferron :
« L' fameux colonel Bouchy,
D' ses arrêts s'est affranchi.
Chez nous il pourrait venir
Afin de nous démolir. »
Le ministre, l'air fatal,
Dit : « R'gagnez vot' piédestal !
C'est vous, mes petits poulets,
Qui f'rez quarant' jours d'arrêts,
Pour vous apprendr', nom de nom ! } *Bis.*
A changer de garnison ! »

14 septembre 1887.

A MON AMI FERNAND XAU.

RUBAU-DONADEU

> « M. Rubau-Donadeu, l'ex-avocat de M⁽ˡˡᵉ⁾ de Campos, n'a pas renoncé à son projet d'empêcher le mariage de cette dernière avec M. Mielvaque. Il publiera bientôt une brochure sur ce sujet. »
> (*Extrait des journaux.*)

Rubau « ne lâche pas sa proie »,
Ainsi que l'avare Achéron.
Des deux amants troublant la joie,
Il se fait leur mauvais crampon.
Plus que la teigne il est tenace,
Bien que d'or il soit déjà gras.
La tache de graisse s'efface;
Mais Rubau ne s'efface pas.

La gale, qui fait qu'on se gratte
Les doigts continuellement,
Déserte une peau délicate,
Devant certain médicament.
Employant du soufre, on l'éloigne ;
Elle vous fuit, du haut en bas.
On en guérit quand on se soigne,
Mais Rubau ne se guérit pas.

La bile, sorcière à peau jaune,
A notre sang, mêle du fiel.
Dans notre organisme elle trône,
Noircit l'azur de notre ciel.
Elle nous trouble, nous agace
Et nous fait songer au trépas.
Un vomitif en débarrasse ;
Mais Rubau ne se vomit pas.

La migraine, crampon terrible,
Pesante, s'assied sur nos fronts.
Tenace, elle passe en son crible,
Les martyres que nous souffrons.
Mais, après le sommeil, l'aurore
La fait se sauver à grands pas.
Fée horrible, elle s'évapore ;
Rubau ne s'évapore pas.

La punaise, puante gouge,
Se cachant aux fentes du lit,
Se saoule avec le beau sang rouge
De notre corps qu'elle pâlit.

L'infecte ivrognesse, en extase,
Naît, vit et meurt sur nos appas.
L'horrible punaise s'écrase ;
Mais Rubau ne s'écrase pas.

13 septembre 1887.

A MON AMI CHARLES FARMINE.

ÉPILOGUE DE LA MOBILISATION

« Ce soir, a eu lieu au tribunal,
à Villefranche-de-Lauris, le dîner
offert par le général Bréart. Au
dessert, divers toasts ont été por-
tés. »
Cri du Peuple.

Air : *Soldat, t'en soucieux-tu ?*

LE GÉNÉRAL BRÉART

Je porte un toast, messieurs, à la vaillance
Des défenseurs de notre nation.
Le cœur, messieurs, tout plein de confiance,
Je bois à la mobilisation.
Dans l'avenir, j'ai la ferme espérance
Que nous saurons mériter nos succès.
La France, enfin, sera toujours la France } *Bis.*
Et les Français seront toujours Français ! }

LE MAIRE CALÈS

Oui, général, exaltez la vaillance
Des fiers soldats de notre nation.
Mon cœur, aussi, rempli de confiance,
Te porte un toast, mobilisation !

Dans l'avenir ayons bonne espérance ;
Sur nos lauriers fleuriront nos succès.
La France, enfin, sera toujours la France } Bis.
Et les Français seront toujours Français !

LE GÉNÉRAL VINCENDON

Avec raison, vous vantez la vaillance
Des beaux troupiers de notre nation.
Comme vous tous, j'ai pleine confiance,
Vu l'essai de mobilisation.
Mon cœur, messieurs, conserve l'espérance
De voir éclore, un jour, d'autres succès.
La France, enfin, sera toujours la France } Bis.
Et les Français seront toujours Français !

(La série continue.)

16 septembre 1887.

A MON AMI LOUIS BESSON

LES FONDS

« ..Un conflit paraît devoir éclater à bref délai entre la direction de l'Opéra-Comique et les artistes du théâtre. Si l'on savait seulement ce que sont devenus tous les fonds recueillis pour le personnel, soit au ministère, soit chez M. Carvalho, on pourrait peut-être faire cesser le conflit. »

LOUIS BESSON.

Un chroniqueur, interrogeant
Le directeur et le ministre,
Demande où se trouve l'argent
Pour les victimes du sinistre.

Je voudrais répondre à Besson
De manière catégorique;
Mais on ne sait pas bien où sont
Les fonds de l'Opéra-Comique.

Les deux beaux millions versés
Devraient, jusqu'aux derniers centimes,
Depuis près de deux mois passés,
Être entre les mains des victimes.
On pourrait, de cette façon,
Calmer la misère authentique.
Mais on ne sait pas bien où sont
Les fonds de l'Opéra-Comique.

L'astronome, dans l'infini,
Sait quelle place tient la terre;
On sait où s'étend Counani;
Où sont la France et l'Angleterre;
Où se trouvent Pont-à-Mousson,
L'Europe, l'Asie et l'Afrique;
Mais on ne sait pas bien où sont
Les fonds de l'Opéra-Comique.

Nul n'ignore de quel côté,
Les trains filent avec vitesse;
Où gîtent les grains de beauté
De mademoiselle Valtesse.
Chacun sait que deux et deux font
Quatre, d'après l'arithmétique;
Mais on ne sait pas bien où sont
Les fonds de l'Opéra-Comique.

Je suis allé dernièrement
Consulter une somnambule
Qui m'a répondu franchement :
« Tout mon savoir, ici, recule,
Je peux vous faire la leçon
Sur votre avenir véridique ;
Mais je ne peux pas dire où sont
Les fonds de l'Opéra-Comique. »

10 septembre 1887.

A MON AMI CAMILLE CONSTANT.

LE MANIFESTE DU COMTE DE PARIS

Air : *C'est ta poire.*

Parole de roi de France,
Bons citoyens qui voulez
Voir renaître l'espérance
Sur les vieux us écroulés,
Pour refaire notre histoire,
Français, je le dis bien haut :
    Oh ! oh ! oh ! oh !
C'est ma poir', ma poir', ma poire ; } *Bis.*
C'est ma poire qu'il vous faut !

Fidèles légitimistes,
Le chef unique, c'est moi !
Inflexibles royalistes
Qui désirez que le roi
Ressuscite, plein de gloire,
Du temple et de l'échafaud,
    Oh ! oh ! oh ! oh !

C'est ma poir', ma poir', ma poire; } Bis.
C'est ma poire qu'il vous faut!

Timides orléanistes,
Hésitants du centre droit,
Qui rêvez, joyeux fumistes,
La liberté par le roi,
Pour que ce rêve illusoire
Se réalise bientôt,
  Oh! oh! oh! oh!
C'est ma poir', ma poir', ma poire; } Bis.
C'est ma poire qu'il vous faut!

Victoriens intrépides,
Afin que Napoléon
Émigre, des Invalides,
Aux caveaux du Panthéon,
Moi seul, vous pouvez m'en croire,
Pour cela vous fait défaut;
  Oh! oh! oh! oh!
C'est ma poir', ma poir', ma poire; } Bis.
C'est ma poire qu'il vous faut!

Républicains, anarchistes,
Communistes, radicaux,
Blanquistes, possibilistes,
Sous mes attributs royaux,
Moi seul, je puis, c'est notoire,
Vous satisfaire au plus tôt;
  Oh! oh! oh! oh!
C'est ma poir', ma poir', ma poire; } Bis.
C'est ma poire qu'il vous faut!

20 septembre 1887.

A MON AMI FERNAND FAU.

LA LIBERTÉ DU TRAVAIL

Air du *Rêve du Paysan*. (Pierre Dupont.)

— Travaillez, dit un vieil adage,
Le travail c'est la liberté !
— Non ! le travail c'est l'esclavage !
Riposte, aujourd'hui, l'exploité.
Le Capital vous extermine,
Du pouvoir bravant les fusils ;
Quittez la fabrique et la mine,
Frères, laissez là vos outils !

    Grève ! travailleurs ! grève !
Que, de la montagne à la grève,
Ce cri, par vous tous répété,
Donne au travail ressuscité,
    La liberté ! (*bis*)

Le travail, laboureur du monde,
Engraissant son fermier brutal,
Patient, récolte à la ronde,
Pour enrichir le Capital.
Tandis qu'enfermé dans ses chambres,
Ronfle le patron, son tuteur,
Il fauche, ayant aux quatre membres
Les chaînes d'or de l'exploiteur.

    Grève ! travailleurs ! grève !
Que, de la montagne à la grève,
Ce cri, par vous tous répété,

Donne au travail ressuscité
    La liberté! (*bis*)

Hercule doux et sans révolte,
Oubliant son manteau royal,
Le travail soutient l'archivolte
De l'édifice social.
Usant la vigueur qui l'embrase
Et sans revendiquer son bien,
Du lourd monument qui l'écrase
Il est le colossal soutien.

    Grève! travailleurs! grève!
Que, de la montagne à la grève,
Ce cri, par vous tous répété,
Donne au travail ressuscité
    La liberté! (*bis*)

Exploiteurs! gare à la révolte!
Le faucheur brisera ses liens.
L'Hercule, lâchant l'archivolte,
Sonnera l'assaut de vos biens.
Il vous faudra bien vous soumettre
Et cracher tout l'or du vol, quand
Le travail, devenu son maître,
Sortira, rouge, du volcan!

    Grève! travailleurs! grève!
Que, de la montagne à la grève,
Ce cri, par vous tous répété,
Donne au travail ressuscité
    La liberté (*bis*).

30 septembre 1887.

A mon ami Henri Chabrillat.

LA FAMILLE SCHNŒBELÉ

> « Le fils Schnœbelé a été condamné par le tribunal correctionnel de Metz à trois semaines de prison et vingt marks d'amende. Au cours de l'interrogatoire, le prévenu a déclaré qu'il regrettait beaucoup ce qu'il avait fait. »
>
> *Cri du peuple.*

Air des *Bidards*.

Des rasoirs dont on ne fait qu' parler.
C'est bien les rasoirs Schnœbelé.
Pour ma part i's m' font rigoler ;
Jamais j' ne me suis tant roulé.
Ces braves gens, dans leur boutique,
Tienn'nt l'incident diplomatique.
La mèr', la fill', le pèr', l'enfant,
Chacun s' pay' son p'tit incident.

REFRAIN

C' qui m' fait rouler,
C'est le pèr' Schnœb'lé,
C'est la mèr' Schnœb'lé,
Schnœb'lé fils, Schnœb'lé fille.
Chacun dit, voyant c'te famille :
C' qui m' font rouler
Tous ces Schnœb'lé !

Depuis qu'il est à Pont-à-Mousson,
L' pèr' Schnœb'lé devient hérisson.
I' vient d' choisir un gros garçon
Qu'il rou' d' coups d' soulier, sans façon.

Matin et soir, sans plus d' manière,
Il lui flanqu' son pied dans l' derrière.
D' cett' façon, vous l' comprenez bien,
Il viol' le territoir' prussien.
   (Au refrain.)

La mèr' Schnœb'lé porte un strapontin,
Large comm' l'urne d'un scrutin.
Dans ce récipient, chaqu' matin,
Elle fourr' des journaux d'outre-Rhin.
C't' appendice, aux éclats, fait rire ;
Mais ell' s'en moqu', car ell' peut dire,
En montrant ses appas cossus :
« Les Allemands, moi, j' m'asseois dessus ! »
   (Au refrain.)

La p'tit' Schnœb'lé, certain jour, dit-on,
Reçut la visit' d'un Teuton
Qui v'nait lui d'mander sans façon,
D' contracter, avec elle, union.
Ell' lui répondit : « Vilain masque,
T'as déjà-z-un' point' sur ton casque.
Si je t'épousais, mon pauvr' vieux,
Avant huit jours, t'en aurais deux ! »
   (Au refrain.)

Le fils Schnœb'lé se bourr' d'haricots,
Afin d' fair' gémir les échos.
Il file des sons musicaux,
Des All'mands troublant les fricots.

Quand ça lui prend sur la frontière,
Aux Prussiens i' parl' par derrière,
Lâch' son p'tit mot et dit : « Voilà !
Tâchez d' l'arrêter celui-là ! »

(*Au refrain.*)

2 octobre 1887.

A MON AMI J. ANDRÉ DEFRESNE

DE TAVERNY.

LES OREILLERS AUX PIEDS DU LIT

L'autre semaine, à la campagne,
Après un gueul'ton au champagne
Où j' n'avais pas liché qu'à d'mi,
M' fourrant dans l' panier d'un ami,
Tout d' suit', je m'étais endormi.
Tout' la nuit, j' pionçai, la têt' basse,
L' lend'main, j' vis — jugez d' ma grimace !
Que j'avais laissé, par oubli,
Les oreillers aux pieds du lit ! (*bis*)

Cette singulière aventure
Arrive souvent, j' vous l'assure :
L' citoyen qui s' laiss' gouverner,
L'ouvrier qui s' laiss' lanterner,
Le conscrit qui s' laiss' caserner,
C'lui qu'enfil' sa ch'mis' sur sa blouse,
L' mari qu'a peur d' son épouse,
Tous ces gens-là laiss'nt, par oubli,
Les oreillers aux pieds du lit. (*bis*)

Ici-bas, à rebours, tout marche ;
L' monde actuel, c'est un pont sans arche :
Les maigres pâtiss'nt pour les gras,
Usant la vigueur de leurs bras,
Pour nourrir ceux qui n' travaill'nt pas.
L' bourgeois, exploiteur de la glèbe,
Faisant le pauvre lit d' la plèbe,
Laiss', par un volontaire oubli,
Les oreillers aux pieds du lit. (bis)

Comme on fait son lit, on se couche.
Un matin, le peuple farouche,
Voyant comment le sien est fait,
Las de danser devant l' buffet,
Saut'ra su' l' patron stupéfait.
Exploiteur, empêchant qu'il n' bouffe,
Crains, qu' sous ses mat'las, i' n' t'étouffe
Et n' mett', réparant ton oubli,
Les oreillers en haut du lit ! (bis)

8 octobre 1887.

A MON AMI ERNEST LAUMANT.

LES ANARCHISTES DE CHICAGO

« Si l'hommage rendu à la vérité est un crime capital, eh bien ! pour si cher qu'en soit le prix, **nous le paierons.** »
(Paroles de Spies à ses juges.)

Ceux qui meurent pour leurs idées,
Sans crainte affrontent le trépas.
Pour ces légions décidées,
La potence n'existe pas.

Fières victimes du mensonge,
Ils dédaignent le ver qui mord.
Le martyr, à l'avenir, songe
    Avant la mort !

Quand sonne l'heure du supplice
Quittant son radieux séjour,
En dépit de l'ombre complice,
La vérité brille au grand jour.
Du patient qui se balance,
Ame lumineuse, elle sort.
De l'échafaud elle s'élance
    Pendant la mort !

Ombrageant la fosse comblée,
Arbre, des exploiteurs maudit,
D'affronts et d'insultes criblée,
Aux yeux de tous elle grandit.
De la sève des martyrs pleine,
Vers l'azur prenant son essor,
Elle couvre toute la plaine
    Après la mort !

17 octobre 1887.

A MON AMI ARMAND SILVESTRE.

DÉCORÉS PAR LA LIMOUZIN

Les canailles qui nous régissent
Font pleuvoir des croix sur leurs pas.

Les boutonnières en rougissent,
Si les fronts n'en rougissent pas.
De l' « honneur », arborant les signes
Aux yeux étonnés du voisin,
Ils pullulent, les gens indignes
Décorés par la Limouzin.

Ce gros mastroquet sans vergogne
Et sans pudeur, qui met du bois
De campêche dans son Bourgogne,
Empoisonnant ce que je bois ;
Cet épicier dans l'opulence
Qui, sans honte, en plein magasin,
Met des faux poids dans la balance :
Décorés par la Limouzin.

Ce mince avocat stagiaire,
Discourant pour le plus gros sac ;
Cet écrivain, vil plagiaire,
Mettant tous les livres à sac !
Ce peintre, aux gages d'une bande,
Bâclant des Renoir, des Cazin
Et des Manet de contrebande :
Décorés par la Limouzin.

Ce pamphlétaire, offrant sa plume
Aux coquins les plus décriés ;
Prenant, pour la mettre en volume,
La boue, au fond des encriers ;
Ce conseiller, bravant l'outrage,
Désertant, pour un pot-de-vin,

Le mandat qu'il tient du suffrage :
Décorés par la Limouzin.

Vils oiseaux de mauvais augure,
L'honneur et vous, c'est chiens et chats.
C'est sur votre ignoble figure
Qu'on devrait mettre les crachats.
Nous vous cinglerons d'importance ;
Vous voudrez vous soustraire en vain
Au grand cordon de la potence,
Décorés par la Limouzin !

10 octobre 1887.

A MON AMI LÉON GANDILLOT.

CHEZ LES GRÉVY

Air des *Bidards*.

REFRAIN

Chez les Grévy,
Personn' n'est ravi ;
Dans la crainte on vit,
Père, mèr', gendre et fille,
Chaque membre de la famille,
Dans les trans's vit,
Chez les Grévy.

Monsieur Grévy, lisant son journal,
Se dit : « C'est vraiment infernal !
Que vais-je encore, juste ciel !
Apprendr' sur le compt' de Daniel ! »

Pour égayer un peu les choses,
Le pauv' vieux met des lunett's roses.
Ça change sa manièr' de voir :
Son gendre lui paraît moins noir.
   (*Au refrain.*)

Madam' Grévy, femm' plein' de raison,
 A changé son train de maison.
 A table, c'est pas rigolo,
 On ne sert jamais que de l'eau.
 Chaqu' convive, en buvant, réclame.
 « Que voulez-vous ! » dit la pauv' dame,
 « Près d'moi vous réclamez en vain :
 A l'Élysé', j' veux pas d' pots-d'-vin ! »
   (*Au refrain.*)

Monsieur Wilson, revenant de Tours,
 Était chargé de sacs très lourds.
 Il les déposa dans un coin,
 En disant qu'on en ait bien soin.
 M'sieur Grévy dit, poussant la porte :
 « Est-c' des pruneaux qu'il nous rapporte ? »
 « Non pas », dit Daniel, d'un air doux,
 « Je n' rapport' que des trognons d' choux ! »
   (*Au refrain.*)

Madam' Wilson a des p'tits petons
 Frais comme des ros's en boutons,
 Jadis, ces p'tits pieds blancs comm' lait,
 Soigneus'ment ell' les entret'nait.
 Mais depuis la triste aventure
 De son homme, ell' fuit l' pédicure,

Disant : « Si l'on l' voyait entrer,
On dirait qu'il vient m' *décorer !* »
(*Au refrain.*)

31 octobre 1887.

A mon ami Camille de Sainte-Croix.

LE JOUR DES MORTS

Air : *Larifflafla !*

Parmi ces gens pressés,
Pleurant leurs trépassés,
Il en est plus d'un quart
Qui chantonne à l'écart :
   Larifflaflafla !
   Larifflaflafla ! } *Bis.*
   Larifflaflafla !

L'HÉRITIER

Oncle, de mes amis
Le meilleur, si j'ai mis
Un crêpe à mon gibus,
C'est avec ton quibus.

   Larifflaflafla !
   Etc., etc.

L'AVARE

Tous mes parents sont morts :
Je pourrai, sans remords,
Mettre dans mon tombeau
Mon cher argent si beau.

Lariflafla !
Etc., etc.

LE VEUF

Jadis, sans hésiter,
Tu m'en faisais porter,
Accepte ces coucous,
Revanche de l'époux.

Lariflafla !
Etc., etc.

LA VEUVE

Constate, cher défunt,
Les larmes — pas d'emprunt
De ta femm', de ta sœur...
Et de ton successeur.

Lariflafla !
Etc., etc.

LE GENDRE

Belle-mère crampon
Daigne accepter de ton
Gendre reconnaissant
Ce modeste présent.

Lariflafla !
Etc., etc.

LE MALADE PAUVRE

Si les parents, en pleurs,
Aux morts donnent des fleurs,

Personne r'on porte aux
Disséqués d'hôpitaux.
 Lariflaflafla!
 Etc., etc.

LES CROQUE-MORTS

A tous les enterrés,
Portons des fleurs des prés.
Faut bien de temps en temps.
Contenter les clients.
 Lariflaflafla!)
 Lariflaflafla! } Bis.
 Lariflaflafla!)

3 novembre 1887.

A mon ami Jean Floux.

LE MUR

Tout au fond du grand cimetière,
Défunts par les vers dépouillés,
Sous les herbes, verte litière,
Dorment les anciens fusillés.
Cachant les trous de la mitraille,
Couronnes et drapeaux, serrés,
Ornent la sinistre muraille,
Dernier abri des fédérés.

Tombe sans croix et sans chapelle,
Sans lys d'or, sans vitraux d'azur,
Quand le peuple en parle, il l'appelle
 Le mur.

C'est là que, traquant leurs victimes,
Lignards, cavaliers, artilleurs,
Prirent ces combattants sublimes
Dans le terrier des fusilleurs;
Là, qu'au son du clairon tragique,
Sonnant l'hallali dans le bois,
Malgré sa défense héroïque
Vint tomber la bête aux abois.

Quand Paris ferme ses paupières,
Chaque nuit, dans l'enclos obscur,
Des râles s'échappent des pierres
   Du mur.

Assassins, l'avenir vous navre !
La révolte va reverdir
Sur ce sol, de chaque cadavre
Jaillit l'herbe du souvenir.
Fleuron railleur de sa couronne
Gavroche, futur fusillé,
Y trace le mot de Cambronne,
Que plus tard il viendra crier :

Bourgeois, quand le blé des revanches,
Au cimetière sera mûr
On fauchera vos faces blanches
   Au mur !

4 novembre 1887.

A MON AMI CAZIN.

LE FROID

(Chanson de pauvre.)

> Voici venir l'hiver, tueur des pauvres gens !
> JEAN RICHEPIN.

A travers la vitre, le froid
Me fixe, ironique et livide.
Je le regarde, avec effroi,
Se moquer de mon âtre vide.
« Te voilà déjà revenu,
Avec ta face de Bazile,
Froid noir, bourreau de l'enfant nu,
Du sans-croûte et du sans asile !

Tu rentres glacer mon taudis,
De givre obstruant ma lucarne !
Je t'exècre et je te maudis,
   Carne !

Les riches, seuls, sont tes amis,
Froid aux justices inégales ;
Froid de plume, doux aux fourmis,
Froid de neige, dur aux cigales.
Brigand ! Tu reviens pour tuer
Les sans-travail et les sans-hardes ;
Pour faire se prostituer
Les ouvrières des mansardes !

Si je pouvais te renvoyer
A coups de trique ou de cravache,

Tu déserterais mon foyer,
    Vache!

Va, crapule, fais tes cinq mois
Et mire-toi bien dans ta glace!
Fondant la neige sur les toits,
Un jour, Avril prendra ta place.
Messager des cœurs de vingt ans,
Te poussant par les deux épaules,
Un beau matin, le gai Printemps
T'enverra rejoindre les pôles!

Croque-mort bleu-rose, il viendra
Te prendre, dans son vert carrosse,
Et nul ne te regrettera,
    Rosse!

6 novembre 1887.

A MON AMI HOSCHEDÉ.

LES BOTTES DES SERGOTS

Quelqu'un s'est dit : Les bons sergots
Font que les journaux me malmènent.
Comme des coqs sur leurs ergots,
Loin du danger ils se promènent.
En revanche, ils ne sont pas là
Dans les rixes ou les ribotes.
Il faut réformer tout cela :
Nous allons leur flanquer des bottes.

Modernes chevaliers du Guet,
Leurs gros pieds font gémir la rue :

Des malfaiteurs qui font le guet,
La bande est vite disparue.
Le trottoir sonne sous leurs pas ;
Graves, ils vont, dans leurs capotes.
Pour qu'on ne les entende pas,
Nous allons leur flanquer des bottes.

Quand la foule crie : « Au voleur ! »
Pour arrêter l'homme et la bourse,
Ils s'élancent, mais, par malheur,
Ils ne sont pas faits pour la course.
Grâce à leurs godillots trop lourds,
Les filous s'échappent par flottes.
Pour les rendre un peu moins balourds,
Nous allons leur flanquer des bottes.

Quand un ivrogne, un vagabond,
Au poste, pour son malheur, entre,
Chacun le frappe, furibond,
A grands coups de pied dans le ventre.
Sous l'œil d'un brigadier brutal,
On prodigue coups et calottes.
Les souliers ça fait trop de mal :
Nous allons leur flanquer des bottes !

7 novembre 1887.

A MON AMI POL PHARAON.

D'ANDLAU ET LA POLICE
(A propos du procès Caffarel.)

Air : *Mad'moisell' ! écoutez-moi donc !*

M'sieur d'Andlau, vit', levez-vous donc !
Je suis d' la police et j'viens pour vous mettre...

M'sieur d'Andlau, vit', levez-vous donc !
Pour vous mettre en état d'arrestation.

— Non, monsieur, je n' me lèv'rai pas !
J' rest'rai couché, si l'on veut me l' permettre.
Non, monsieur, je n' me lèv'rai pas ;
Car, des p'tits secrets, j'en connais des tas.

— M'sieur d'Andlau, habillez-vous donc !
Les menott's aux mains, faut que j' vous conduise.
M'sieur d'Andlau, habillez-vous donc !
Que j' vous conduise à Paris en prison.

— Non, monsieur, je n' m'habill'rai pas !
M' conduire en prison, ça s'rait un' bêtise.
Non, monsieur, je n' m'habill'rai pas !
Des révélations, j'en ai plein les bras.

— M'sieur d'Andlau, dépêchez-vous donc !
Je viens vous chercher de la part du juge...
M'sieur d'Andlau, dépêchez-vous donc !
Vous chercher d' la part du jug' d'instruction.

— Non, monsieur, j' me dépêch'rai pas !
Les chos's que je sais m' serviront d' refuge.
Non, monsieur, j' me dépêch'rai pas !
En venant chez moi vous perdez vos pas.

— M'sieur d'Andlau, vit', sauvez-vous donc !
D' vous fair' détaler on m'a donné l'ordre.
     (*Il lui parle à l'oreille.*)
— Dans c' cas j'obéis, mon garçon ;
Mais c'est bien pour fair' plaisir à Wilson !

 10 novembre 1887.

A MON AMI ÉDOUARD DROCHETON.

LE BEL HONNORAT

Air de l'*Amant d'Amanda*.

A Paris, il est un in-
Specteur divisionnaire.
Dressant son torse de nain
A l'état embryonnaire,
Il se parfume, il se teint
Se bichonne et se maquille.
C'est le policier-catin
Et l'officier de paix-fille.

REFRAIN

Qui qui sent comme Cora ?
  C'est Honnorat,
  C'est Honnorat,
Qui qui sent comme Cora ?
  C'est Nonore Honnorat.

A son lever, dans un bain,
Chaque matin, il se plonge.
Il absorbe le lubin
Et le musc, comme une éponge.
Avec des noirs merveilleux,
Des pâtes roses de Sèvres,
Il s'agrandit les deux yeux
Et se colore les lèvres.

  (*Au refrain.*)

De Gellé et de Pinaud
Il dévalise les caisses.
Dehors, il va piano
Et marche en serrant les fesses.
Lorsque, au milieu des rumeurs,
Il se met à la fenêtre,
Les commis des parfumeurs
Disent, le voyant paraître :

  (Au refrain.)

Au choc d'un soufflet, sa peau
Tomberait en défaillance.
La pommade Galopeau
Enduit sa joue en faïence.
On le sent venir de loin,
Lorsque, raide, il se promène ;
Et, quand il est à Saint-Ouen,
Ça pue à la Madeleine.

  (Au refrain.)

Cet homme de tous les fards,
Chose étrange, a peur du rouge !
Le drapeau des communards
L'épouvante, quand il bouge.
Un jour, les fils des défunts,
Dans les revanches tragiques
Diront « zut ! » à ses parfums
Et merde à ses cosmétiques !

  (Au refrain.)

11 novembre 1887.

A mon ami Armand Masson,

LE SANG DES MARTYRS

Croyant étrangler les pensées,
Les bourgeois pendent les penseurs.
Malgré les potences dressées,
Les pendus ont des successeurs.
Vous pouvez viser les idées
Et les abattre, dans vos tirs :
Elles grandissent, fécondées
    Par le sang des martyrs.

Exploiteurs des deux hémisphères,
Russes, Français, Américains,
Négriers, tripoteurs d'affaires,
Monarchistes, républicains,
D'un bout à l'autre des deux pôles,
Contentez vos secrets désirs :
Plongez-vous, jusqu'aux deux épaules,
    Dans le sang des martyrs.

C'est par vous que, couvrant la plaine,
Pousse la moisson de demain ;
C'est par vous que la gerbe est pleine
D'épis gras pour le genre humain.
L'idole, dans son temple immense,
Grandit par la mort des fakirs.
Les semeurs, c'est vous ; la semence,
    C'est le sang des martyrs.

14 novembre 1887.

A MON AMI ÉMILE GOUDEAU.

IL EST R'VENU!

> Il reviendra
> . . . .
> Pour cortège il aura
> La France entière!
> (Chanson boulangiste.)

Air de *Ea r'venant d' la r'vue.*

Les courtisans de la Boulange,
Dans leurs refrains avaient prédit
Que, dans une gloir' sans mélange,
I' r'viendrait dimanche ou lundi.
Chargé d' couronn's, à les entendre,
A son hôtel, IL devait s' rendre.
Tous, ils chantaient à l'unisson,
Dans leur trop célèbre chanson :
 « Un jour, il reviendra,
 Quand le tambour battra.
En triomphe on le portera;
A l'Elysée on le mettra;
 On l'aim'ra, l' chérira! »
 Eh bien, malgré cela,
 Personne' ne le croira,
Il ne s'est rien passé d' tout ça!

 IL est r'venu;
 L' tambour n'a pas battu;
 Y' a pas d' casque pointu
 A la frontière.

IL est r'venu ;
Personn' ne s'est souv'nu ;
Pour garde IL n'a pas eu
« La France entière. »

Précaution que rien n' motive,
L' général qui, jadis, partit
Debout sur un' locomotive,
Dans l' wagon des chiens s'est blotti.
Il s'est fait, pour ce jeu d' cach'-cache,
Couper la barbe et la moustache ;
C' qui lui donnait, à lui si beau,
La mine d'un vulgair' cabot.

Dans Paris, au p'tit jour.
Aussitôt de retour,
Il a filé comm' trois lapins,
Sans plus s'occuper d' ses copains.
Pendant qu' les gens d' Roch'fort
Allaient l'attendre au Nord,
Insaisissabl' comme Jud,
Il se faufilait par le Sud.

IL est r'venu ;
Nul ne l'a reconnu ;
Pour garde il n'a pas eu
La France entière.
IL est r'venu ;
Et personn' ne l'a vu ;
IL est rentré par u
N' porte de derrière.

16 novembre 1887.

A MON AMI PHILIPPE GARNIER.

M'SIEUR ROCHEFORT

Air : *Mad'moisell', écoutez-moi donc !*

JOFFRIN

M'sieur Roch'fort, écoutez-moi donc !
Jadis, à Neuilly, vous aviez la foire.
M'sieur Roch'fort, écoutez-moi donc !
Paraît qu' vous avez fait dans votr' cal'çon.

ROCHEFORT

Mam' Sév'rin', j' vous répondrai pas !
Vous avez la tête en forme de poire.
Mam' Sév'rin', j' vous répondrai pas !
Vous avez les jamb's comm' des échalas.

JOFFRIN

M'sieur Roch'fort, écoutez-moi donc !
On dit qu' vous avez fait dans vot' culotte.
M'sieur Roch'fort, écoutez-moi donc !
On dit qu' vous avez changé de pantalon.

ROCHEFORT

Mam' Sév'rin', j' vous répondrai pas !
Y' a cinq ou six ans, vous étiez boulotte.
Mam' Sév'rin, j' vous répondrai pas !
Vous d'vriez vous mettre un peu plus d' taff'tas.

LAVY

M'sieur Roch'fort, écoutez-moi donc !
Vous vous êt's sauvé d'vant l'armé' d' Versailles.

M'sieur Roch'fort, écoutez-moi donc !
Vous vous êt's sauvé comme un vrai capon.

ROCHEFORT

Mam' Sév'rin', j' vous répondrai pas !
Vous avez les pieds et les mains canailles.
Mam' Sév'rin', j' vous répondrai pas !
Comme un chimpanzé vous avez les bras.

LAVY

M'sieur Roch'fort, écoutez-moi donc !
C'est avec l'argent de l'opportunisme,
M'sieur Roch'fort, écoutez-moi donc !
Que vous avez pu fair' votre évasion.

ROCHEFORT

Mam' Sév'rin', j' vous répondrai pas !
Vous avez le nez qu'avance comme un isthme.
Mam' Sév'rin', j' vous répondrai pas !
Quand vous m'attaquez vous perdez vos pas.

PAULARD

M'sieur Roch'fort, écoutez-moi donc !
A r'cevoir un *pain*, vous d'vez vous attendre,
M'sieur Roch'fort, écoutez-moi donc !
Vous d'vez vous attendre à r'cevoir un gnon.

ROCHEFORT

Mam' Sév'rin', j' vous répondrai pas !
J'ai des femm's en masse, afin d' me défendre,
Mam' Sév'rin', j' vous répondrai pas !
Vous avez tort de vous mêler d' mon *cas*.

PAULARD

M'sieur Roch'fort, écoutez-moi donc !
Un jour, vous r'cevrez quéqu' poing sur la hure,
M'sieur Roch'fort, écoutez-moi donc !
Vous pourriez r'cevoir un poing su' l' piton.

ROCHEFORT

Mam' Sév'rin', j' vous répondrai pas !
L'aut' jour, j' vous ai vu' passer en voiture.
Mam' Sév'rin', j' vous répondrai pas !
Dans l' dos pourquoi vous mettre des mat'las ?

LE DOCTEUR PAUL BROUSSE

M'sieur Roch'fort, écoutez-moi donc !
Le bismuth est bon contre la courante.
M'sieur Roch'fort, écoutez-moi donc !
Il faut vous boucher un peu l' troufignon.

ROCHEFORT

Mam' Sév'rin', j' vous répondrai pas !
I' faut qu' j'aill' rejoindre un' jeun' figurante.
Mam' Sév'rin', j' vous répondrai pas !
Y' a dix-huit cocott's qui m'attend'nt en bas.

LE DOCTEUR PAUL BROUSSE

M'sieur Roch'fort, écoutez-moi donc !
Il est si facil' de boucher la fente !...

ROCHEFORT

Tu m' canul's, espèc' de crampon !
Faut qu' j'aill' régaler des fill's chez Bignon !

17 novembre 1887.

A mon ami Jules Roques.

LE TEMPS DES RHUMES

Air du Temps des cerises.

Voici revenir le temps gris des rhumes,
Où le froid, la bise et le givre font
    Glisser les bitumes ;
Où dans les taudis, pénètrent les brumes,
En dépit des murs, malgré le plafond.
Voici revenir le temps gris des rhumes
Où, sonne, des toux, le rythme profond.

Redoutez-le bien le temps gris des rhumes,
O vous qui dormez sans feu sous les toits,
    Dans des lits sans plumes ;
Qui portez toujours les mêmes costumes
Dans les étés chauds, dans les hivers froids.
Redoutez-le bien, le temps gris des rhumes,
Bourreau des faubourgs, des champs et des bois !

Car il est bien long le temps gris des rhumes,
Où tous les passants ont au bout du nez,
    Des pendants d'oreilles ;
Perles de cristal aux formes pareilles,
Tombant sous le pif des enchiffrenés.
Car il est bien long, le temps gris des rhumes,
Où tous les passants ont la goutte au nez !

19 novembre 1887.

A mon ami René Ponsard.

LES ADIEUX DE L'ÉLYSÉE

Romance chantée par M. Jules Grévy à la prochaine soirée présidentielle.

Air de la *Grâce de Dieu*.

Tu vas quitter notre Élysée
Et t'en aller bien loin, Daniel !
Félicité réalisée,
Vous ne durez pas, sous le ciel !
J'étais heureux, j'avais un gendre,
Près de qui je voulais finir.
Sans pitié, on vient me le prendre
Et je ne puis le retenir !
    Adieu, Wilson, adieu ! ⎫
    Il faut quitter ce lieu !... ⎬ *Bis.*
Adieu ! il faut quitter ce lieu !... (*Bis.*)

Ici commence ton martyre :
Si l'on te mettait en prison !...
Pour ne pas qu'on te le soutire,
Laisse ton or à la maison !
Va, ma fortune est colossale ;
Un jour je te la laisserai.
Va fonder une succursale,
Loin du faubourg Saint-Honoré.
    Va, mon Daniel, adieu ! ⎫
    Il faut quitter ce lieu !.. ⎬ *Bis.*
Adieu ! il faut quitter ce lieu !... (*Bis.*)

Daniel s'en va, l'âme brisée,
Vendre ses croix sous d'autres cieux ;
Longtemps, longtemps, de l'Élysée,
Le vieillard le suivit des yeux.
Mais lorsque sa douleur amère
N'eut plus son gendre pour témoin,
En sautant, le pauvre beau-père,
Alla chantonner dans un coin :

> Adieu, fripouille, adieu !
> Moi seul reste en ce lieu !... } *Bis.*
> Il est parti ! Merci, Mon Dieu !... (*Bis.*)

22 novembre 1887.

A MON AMI EDMOND DESCHAUMES.

LES REGRETS D'UN BEAU-PÈRE

Monologue dit par M. Jules Grévy à la prochaine réception de l'Élysée.

Un jour, en père de famille
Prévoyant et sage, je dus,
Mariant Alice, ma fille,
Choisir entre deux prétendus.
Dans le parti que j' devais prendre,
Me trompant, comme un vrai maboul,
C'est Wilson que j' voulus pour gendre :
J'aurais mieux fait d' choisir Capoul.

Capoul, comme artiste, est célèbre :
Au sud, à l'est, à l'ouest, au nord,
Depuis la Seine jusqu'à l'Ebre,
Chacun connaît c' fameux ténor.

Voyant c' chanteur dev'nu des nôtres,
Toulous' l'eût p't-êtr' fait capitoul.
Wilson, lui, fait chanter les autres :
J'aurais mieux fait d' choisir Capoul.

Quand nous unîmes nos fortunes,
Wilson passait pour un farceur.
Chéri des blondes et des brunes,
Capoul aussi fut un noceur.
D' ses lettr's d'amour on f'rait un tome;
Il fut pacha, comme à Stamboul...
Mais, enfin, c'est un honnête homme :
J'aurais mieux fait d' choisir Capoul.

23 novembre 1887.

LA CRISE PRÉSIDENTIELLE

A MON AMI JEAN TOLBECQUE.

Air : *Mad'moiselle, écoutez-moi donc !*

Au palais de l'Élysée, MM. Goblet, Freycinet, Floquet, Clémenceau et Ferry, saluent le Président de la République qui vient de les recevoir dans son cabinet.

M. GRÉVY

Chers messieurs, asseyez-vous donc !
Vous êtes anciens ou futurs ministres.
Chers messieurs, asseyez-vous donc !
Veuillez me répondre avec abandon !

C' que j' dois fair', ne me l' cachez pas !
Faut-il me démettre, en ces jours sinistres?
Faut-il m'en aller de ce pas ?
Surtout parlez haut, car je n'entends pas.

M. GOBLET

M'sieur Grévy, faut vous en aller ;
Cela ne souffre pas l'ombre d'un doute.
M'sieur Grévy, faut vous en aller ;
D'ici, sans retard, vous d'vez détaler.

M. GRÉVY

M'sieur Goblet, votre avis est bon ;
Je n' mang' que la mie et jamais la croûte.
M'sieur Goblet, votre avis est bon ;
Je suis édenté comme un vieux barbon.

M. DE FREYCINET

M'sieur Grévy, vite, il faut sortir ;
De crainte qu'un jour, on ne vous moleste.
M'sieur Grévy, vite, il faut sortir ;
Sans ça les fusils pourraient bien partir.

M. GRÉVY

Freycinet, vous avez raison :
Ce n'est pas moi qu'ai dit : « J'y suis, j'y reste! »
Freycinet, vous avez raison ;
Car c'est le maréchal de Mac-Mahon.

M. FLOQUET

M'sieur Grévy, faut démissionner
Et quitter ce lieu sans perdre un' minute.
M'sieur Grévy, faut démissionner ;
Quand l' navir' sombre on doit l'abandonner.

M. GRÉVY

M'sieur Floquet, vous êt's dans le vrai ;
A plus d'un lièvr' j'ai fait fair' la culbute.

M'sieur Floquet, vous êt's dans le vrai;
l' n'y a plus d' lapins à Mont-sous-Vaudrey.

M. CLÉMENCEAU

M'sieur Grévy, ne perdez pas d' temps!
Faites vos paquets et chargez vos malles.
M'sieur Grévy, ne perdez pas d' temps!
Il faut profiter des moindres instants.

M. GRÉVY

Clémenceau, vous n' vous trompez pas;
J' tir' pas au p'tit plomb; j' tire avec des balles.
Clémenceau, vous n' vous trompez pas;
A la chasse on s' sert jamais d' fusils Gras.

M. JULES FERRY

M'sieur Grévy, votre poste est bon;
Si vous m'en croyez, restez où vous êtes.

M. GRÉVY

M'sieur Ferry, vous avez raison;
Y' a pas d' danger que j' donn' ma démission!

24 novembre 1887.

A MON AMI MONTJOYEUX.

LA MARSEILLAISE GRÉVYSTE

> Une chose singulière, c'est que M. Jules Grévy ne laissera derrière lui aucun chant national. Napoléon a eu la *Reine Hortense*; Louis-Philippe, la *Parisienne*. On demande un chant grévyste.

AIR : *Tu n'en saurais jamais trop faire.*

Français, dans un humble cantique,
Chante l'austère président

De ton honnête République :
Monsieur Grévy, sage et prudent.
Pour l'aimer, pour le satisfaire,
Redouble d'efforts empressés :
Jamais tu n'en sauras trop faire ; ⎫
Tu n'en feras jamais assez. ⎭ *Bis.*

Brave entrepreneur des bâtisses
Du propriétaire Grévy,
Très vite, il faut que tu bâtisses :
Le patron en sera ravi.
Les maisons, c'est ce qu'il préfère ;
Pour que ses vœux soient exaucés,
Jamais tu n'en sauras trop faire ; ⎫
Tu n'en feras jamais assez. ⎭ *Bis.*

Joueur naïf, toi qui défies
A son jeu Grévy-Chamillard,
A la veine si tu te fies,
Tu paieras les frais du billard.
Pour mener à bien ton affaire,
Amasse *rétros* et *massés*.
Jamais tu n'en sauras trop faire ; ⎫
Tu n'en feras jamais assez. ⎭ *Bis.*

Toi qui déjeune, sans vaisselle,
De gros lard et de vin clairet,
Bon moissonneur, pousse une selle
Dans les champs de Mont-sous-Vaudrey.
Ton maître y trouve son affaire :
Ses terrains en sont engraissés.

Jamais tu n'en sauras trop faire ; \
Tu n'en feras jamais assez. } Bis.

28 novembre 1887.

À MON AMI PAUL ARÈNE.

EN REVENANT DE LA TOSCA

(Chanson sur un dessin de Willette.)

Air : *En revenant de la r'vue.*

Levant le bandeau qui l'aveugle,
La Fortune, à Sarah Bernhardt,
Sans voir la nullité qui beugle,
Offre la couronne de l'Art.
Poètes, chantez cette reine
Qui s'avance, belle et sereine !
Soldats, embouchez le clairon,
Pour cette nouvelle Clairon !
    Conscrits et vétérans,
    Silence dans les rangs !
Tous, les anciens comme les *bleus*,
Les blancs, les rouges et les bleus,
    En galons, en lambeaux,
    En souliers, en sabots,
    Des palais, des faubourgs,
Battez aux champs sur vos tambours !

    Vaillants troupiers,
    Royaux ou grenadiers,
    Fiers tapins qui scandiez
    La *Marseillaise*,

A grand flafla,
Roulez ! car celle-là,
C'est encore de la
　　Gloire française !

Soldats, à l'heure où tout décline :
Les faits, les hommes et les dieux,
Il faut que l'étendard s'incline
Devant l'Art, au front radieux.
Car l'Art, aujourd'hui, c'est la lance
Qui brille au drapeau de la France.
A notre pays amputé,
Le cerveau, du moins, est resté.
　Toujours notre Paris,
　En dépit des hauts cris
Des renards aux raisins trop verts,
Sera le cœur de l'univers,
　Les autres, l'ombre au front,
　Toujours nous envieront,
　Tant qu'en France on verra
Des Mars, des Rachel, des Sarah !

　Vaillants troupiers,
　Royaux ou grenadiers,
　Fiers tapins qui scandiez
　　La *Marseillaise*,
　A grand flafla,
　Roulez ! car celle-là
　C'est encore de la
　　Gloire française !

29 novembre 1887.

A mon ami Paul Foucher.

LE PRÉSIDENT CRAMPON
Air : *Il est en pierre.*

Lorsque, chef d'État nouveau,
Grévy nous montra sa tête,
On crut avoir fait l'emplette
D'un président-soliveau.
On s' dit : « S'il n' fait pas l'affaire,
« Nous saurons l' fair' détaler. »
Mais i' s' trouv' que 'est l' contraire :
Grévy n' veut plus s'en aller,

    Car il est en pierre, en pierre :
    Pour nous, c'est pas amusant
    D'avoir cru le vieux en terre
    Et de le voir, à présent,
    En pierre, en pierre, en pierre !

En chœur, on a beau l' tirer
Par tous les bouts d' sa personne :
A son siège il se cramponne ;
Il ne veut pas se r'tirer.
Par la voix et par le geste,
Par la parole et par l'œil,
Il gueule : « J'y suis, j'y reste ! »
Et ne quitt' pas son fauteuil,

    Car il est en pierre, en pierre ;
    Pour nous, c'est pas amusant

D'avoir cru le vieux en terre
Et de le voir, à présent,
En pierre, en pierre, en pierre !

Son austère bienséant,
A l'Élysé' s' trouve à l'aise,
Y' colle au fond de la chaise
Qui colle à l'appartement.
Afin d' chasser d' son repaire
L' vieux, à son fauteuil ancré,
Va falloir foutre par terre
Tout l' faubourg Saint-Honoré !

Car il est en pierre, en pierre ;
Pour nous, c'est pas amusant
D'avoir cru le vieux en terre
Et de le voir, à présent,
En pierre, en pierre, en pierre !

1ᵉʳ décembre 1887.

A MON AMI CHARLES LAURENT.

LE PARLEMENT EN PERMANENCE
Air du *Bureau de placement*.

Hier, la Chambre, en attendant
La démission du président,
Et, faisant comme le Sénat,
A quatre heur's s'ajourna.

A quatre heur's, un ministre vint
Dir' que, n' voulant pas qu'on l' remplace,
Monsieur Grévy gardait sa place
Et que l'on attendait en vain.

Alors, la Chambre, en attendant
La démission du président,
Et, faisant comme le Sénat,
   A six heur's s'ajourna.

A six heur's un ministre vint
Dir' que, n' voulant pas qu'on l' remplace,
Monsieur Grévy gardait sa place
Et que l'on attendait en vain.

Alors, la Chambre, en attendant
La démission du président,
Et, faisant comme le Sénat,
   A huit heur's s'ajourna.

A huit heur's un ministre vint
Dir' que, n' voulant pas qu'on l' remplace,
Monsieur Grévy gardait sa place
Et que l'on attendait en vain.

Alors, la Chambre, en attendant
La démission du président,
Et, faisant comme le Sénat,
   A dix heur's s'ajourna.

A dix heur's, un ministre vint
Dir' que, n' voulant pas qu'on l' remplace,
Monsieur Grévy gardait sa place
Et que l'on attendait en vain.

Alors, la Chambre, en attendant
La démission du président,
Et, faisant comme le Sénat,
   A minuit s'ajourna.

A minuit, un ministre vint
Dir' que, n' voulant pas qu'on l' remplace,
Monsieur Grévy gardait sa place
Et que l'on attendait en vain.

Bref, depuis c' temps-là, l' Parlement
S'ajourne continuellement,
Tout's les deux heur's, en attendant
    La mort du président.

3 décembre 1887.

A MON AMI CLOVIS HUGUES.

A BAS FERRY!

> Je ne sais point au juste comment est faite
> l'âme d'un député; mais ce que je sais bien,
> c'est qu'il faut y faire pénétrer cette pensée :
> Qui ils voudront — sauf Ferry!
>
>   SÉVERINE.
>   (Cri du peuple.)

A l'heure où le vieux Grévy crève,
Aux lèvres du peuple, un seul cri
Doit résonner partout, sans trêve :
    A bas Ferry!
Le pays n'est pas un Géronte
Que bâtonne un valet coquin!
Tout! plutôt que Ferry-la-Honte!
    Ferry-Tonkin!

A bas le vendu! par qui coule
Le sang sacré de nos soldats!
Et qui fit tirer sur la foule :
    Ferry-Judas!

Tout! plutôt que la sale tête
Du tripoteur, de l'aigrefin
Qui spécula sur la disette :
  Ferry-la-Faim !

A bas Ferry qui nous infeste !
Le pourvoyeur du ver qui mord !
Ferry-la-Peur, Ferry-la-Peste,
  Ferry-la-Mort !
Tout ! plutôt que l'effroi des mères !
L'assassin qu'au dernier frisson
Ont maudit les morts des rizières :
  Ferry-Lang-Son !

A leur place mettons les choses ;
Ici-bas, chacun à son lot :
A leurs rosiers, laissons les roses,
  L'écume aux flots,
Les Cavaignac à la caserne,
Les crapules au pilori,
L'Église aux prêtres — à la lanterne
  Jules Ferry !

4 décembre 1887.

A MON AMI GEORGES DUVAL.

LE MEILLEUR PRÉSIDENT

Air : Mon père était pot.

Que l' président soit Freycinet,
  Sadi-Carnot ou d'autres,

C'est bonnet blanc et blanc bonnet :
　　Ces gens n' sont pas des nôtres.
　　　Pour l'os des bourgeois
　　　Tremblants, aux abois,
　　Bon peuple, aboie ou gronde :
　　　L' fait est évident :
　　　L' meilleur Président
C'est l' Président Tout-l'-Monde.

De vot' maître' quel que soit le nom,
　　Pauvr's, c'est toujours vot' maître.
Sur vous il fera tirer l' canon,
　　Afin de vous soumettre.
　　　Il vous exploit'ra
　　　Et l'on rigol'ra
　　D' vos bobin's à la ronde.
　　　L' fait est évident :
　　　L' meilleur Président
C'est l' Président Tout-l'-Monde.

Au lieu d' voter pour le bedon
　　Des richards à bell' mise,
Travailleur naïf, vote donc
　　Pour l'homm' qu'est dans ta ch'mise.
　　　Sortant d' sous ton toit,
　　　Ne t' bats plus qu' pour toi,
　　Quand souffle un vent de Fronde.
　　　L' fait est évident :
　　　L' meilleur Président
C'est l' Président Tout-l'-Monde.

Des présidents, il n'en faut plus;
  Moi j' trouv' ça ridicule :
C'est des soliveaux superflus
  Qui gên'nt quand on circule.
    I's n' veul'nt foutr' le camp
    D' leur fauteuil que quand
  L' mépris public débonde.
    L' fait est évident :
    L' meilleur Président
  C'est l' Président Tout-l'-Monde.

5 décembre 1887.

A MON AMI GASTON GUTZWILLER.

L'AUTORITÉ

(Souvenir du 2 décembre 1887.)

> Moi je voudrais que l'on nommât Jules Ferry. Je suis pour l'autorité.
> (*Déclaration d'un bourgeois dans un café.*)

Air : *Ça vous coup' la gueule à quinz' pas ?*

Deux bourgeois poussifs au ventre bedonnant,
  De Paris blaguant la colère,
De Jules Ferry parlaient, en se tenant
  Bien loin du courroux populaire.
  Pendant qu'on criait autour d'eux,
Du prochain Congrès ils causaient tous les deux :
  — Faut que l'ordre soit respecté.
  — Moi, je suis pour l'autorité.

— Le canon, monsieur, c'est le seul argument
    Qui puisse étouffer le désordre.
— Monsieur, il faut un ferme gouvernement
    Pour dompter l'hydre qui veut mordre.
    — Si l'on nommait Jules Ferry,
Il saurait mater tout ce charivari.
    — Faut que l'ordre soit respecté.
    — Moi, je suis pour l'autorité.

— Voyez-moi donc ça, si ce n'est pas honteux
    Pour notre belle capitale !
— Ils se sauvent tous, ainsi que des péteux !
    Quand on les charge, ça détale !
    — Regardez-moi ces saligots
Comme des lapins, fuir devant les sergots !
    — Faut que l'ordre soit respecté.
    — Moi, je suis pour l'autorité.

Soudain on les pousse ; ils perdent leurs chapeaux,
    Leur parapluie et leur perruque.
Chacun d'eux reçoit, des bons municipaux,
    Trois coups de sabre sur la nuque.
    Le front ouvert par les sabots,
Ils criaient encor, sous les pieds des chevaux :
    — Faut que l'ordre soit respecté.
    — Moi, je suis pour l'autorité.

8 décembre 1887.

A mon ami Duez.

MONSIEUR H. BRISSON

> Vous dites que vous vous ennuyez sous la République-Grévy? Que diriez-vous, alors, si nous avions la République-Brisson?
>
> (Boutade de Gambetta à ses amis.)

Air : *Il est un petit homme.*

Il est un ex-ministre,
A barbe longue, à l'air
D'un quaker.
Effrayant et sinistre,
Allongeant son compas,
Pas à pas,
Il s'avance et son
Aspect hérisson
Vous donne le frisson.
Ah! qu'il est gai! (*bis*) monsieur Henri Brisson!

Quand, à la Comédie-
Française, il entre, un soir,
Pour s'asseoir,
Lâchant sa tragédie,
L'austère confident,
Regardant,
S'arrête, car son
Aspect hérisson
Lui donne le frisson.
Ah! qu'il est gai! (*bis*) monsieur Henri Brisson!

Grave, l'air plein de morgue,
Quand, essuyant un pleur,
Par malheur,
Il pénètre à la Morgue,
Les pendus, les noyés,
Effrayés,
Se sauvent, car son
Aspect hérisson,
Leur donne le frisson.
Ah! qu'il est gai! (*bis*) monsieur Henri Brisson!

La France, de cet homme
Joyeux comme un trépas,
Ne veut pas.
Ce vertueux Prudhomme,
Qui n'est qu'un embêtant
Protestant,
Nous rase, car son
Aspect hérisson
Nous donne le frisson.
Ah! qu'il est gai! (*bis*) monsieur Henri Brisson!

9 décembre 1887.

A MON AMI ALFRED CAPUS.

BEAUCOUP DE BRUIT POUR RIEN

Shakspeare est sur l'affiche
Du bon vieil Odéon
Qui change de fétiche
Et d'air d'accordéon.

Racine, adieu ta lyre !
Corneille, la nuit, vient
Sur la place, pour lire :
« *Beaucoup de bruit pour rien.* »

Proverbe poétique,
Charmante expression,
Qui, de nos jours, explique
La situation :
Des mots, mais pas de poudre ;
Notre ciel tonne bien,
Mais il tonne sans foudre :
Beaucoup de bruit pour rien.

D'un amour sans mélange
Boulange est entouré.
C'est le maître, c'est l'ange,
Par le peuple adoré.
Sa gloire fait relâche :
Moins fidèle qu'un chien,
La foule, hélas ! le lâche :
Beaucoup de bruit pour rien.

Le Congrès de Versailles
S'assemble pour voter.
Grand Paris, tu tressailles :
Lequel va-t-on porter ?
Chacun attend, farouche,
Espérant pour le sien.
De Carnot on accouche :
Beaucoup de bruit pour rien.

Le vouant au martyre,
Un fou, faiseur de vers,
Sur Jules Ferry tire
A tort et à travers.
Le résultat est mièvre
Pour un tel entretien :
Un petit feu de fièvre :
Beaucoup de bruit pour rien.

Le peuple, dans la rue,
Héroïque, descend :
Sur le tyran se rue,
Lutte et verse son sang.
Enfin, son drapeau flotte !
Ce drapeau, qu'il croit sien
Le bourgeois l'escamote :
Beaucoup de bruit pour rien.

14 décembre 1887.

A MON AMI HENRY SOMM.

LE MESSAGE DE M. SADI-CARNOT

Air : *T'en souviens-tu ?*

Représentants de notre République,
Vous qui m'avez nommé son président,
Merci, merci ! car, de la République,
Je serai le fidèle président.
Pilote du char de la République,
Vers l'avenir, en sage président,
Je conduirai ton vaisseau, République,
Intact, au port du futur président.

Favorisant les prudentes réformes,
Par le Progrès et par la Liberté,
On me verra toujours pour les réformes
Et n'entraver jamais la Liberté.
Étudiant le plan de nos réformes,
Fils de mon père et de la Liberté,
Sous mon égide, on verra les réformes
Grandir au soleil de la Liberté.

Rétablissant l'ordre dans nos finances,
Afin d'équilibrer notre budget,
Je saurai bien rétablir nos finances,
Répartissant sagement le budget.
En France, enfin, on verra nos finances
Aller d'accord avec notre budget.
J'userai donc prudemment des finances
Qu'au président confia le budget.

Donnant mes soins au commerce, à l'armée,
Remettant le calme dans les esprits,
Je mettrai le bien-être dans l'armée
Et saurai bien rassurer les esprits.
Favorisant le progrès dans l'armée
Fier du concours de tous les bons esprits,
Aimant de pair le commerce et l'armée,
Je remettrai la paix dans les esprits.

Réalisant jusqu'au bout mon programme :
Paix au dehors, calme à l'intérieur,
J'étudierai chaque point du programme :
Paix au dedans, calme à l'extérieur.

La France entière a soif de ce programme :
Paix au dehors, calme à l'intérieur.
C'est là, messieurs, mon unique programme :
Paix au dedans, calme à l'extérieur.

Peut-être dira-t-on que ce message
Ressemble à ceux de mes prédécesseurs.
D'autres que moi vous liront ce message,
Semblable à ceux de leurs prédécesseurs.
Ici, je veux terminer ce message
Pareil à ceux de mes prédécesseurs.
Je finis donc, certain que ce message
Pourra servir à tous mes successeurs.

16 décembre 1887.

MES PETITS PARIS

A MON AMI COURTÈS.

Tirard a toutes les sciences ;
Pourtant, palpant nos picaillons,
Jadis, ministre des finances,
Il égara cent millions.
Aujourd'hui qu'au pouvoir il perche,
De notre or fouillant dans le tas,
Il va se mettre à leur recherche :
J' pari' deux sous qu'i' n' les r'trouv' pas.

L' conseil que c't horloger préside,
Après mûre discussion,
Vient de faire, à la France avide,
Une superb' déclaration.

Malgré la promess' qu'il vient d' faire
De tout concentrer dans ses bras,
J' n'ai pas confianc' dans c' ministère :
J' pari' deux sous qu'i' n' dur'ra pas.

Élu président par la crainte
De voir nommer Jules Ferry,
Carnot, d' la gloir' trouv'ra l'absinthe,
Bien avant qu' le verr' n' soit tari.
Augmentant d' pas mal de journées
L'ère imbécil' des septennats,
On l'a nommé pour sept années :
J' pari' deux sous qu'i' n' les f'ra pas.

Pour un mot hardi, pour un' phrase
Montrant l'infami' des bourgeois,
Devertus, parleur qu'on écrase,
Provoque la fureur des lois.
Parc' qu'il a tapé, dur et ferme,
Sur les vendus et les goujats,
En prison, un an, on l'enferme :
J' pari' deux sous qu'on n' le r'lache pas.

Reconnu plein'ment responsable,
Par un bon et solid' jugement
De l'incendie épouvantable
Qui nous mit en deuil récemment,
Carvalho, sur qui la Loi plane,
Tombe, en dépit d' ses avocats.
A trois mois d' prison on l' condamne :
J' pari' deux sous qu'i' n' les f'ra pas.

18 décembre 1887.

A MON AMI MOUSSEAU,

LA PROROGATION DES CHAMBRES

LE PRÉSIDENT FLOQUET SE LÈVE ET CHANTE

Air de l' *Ami Soleil*

Comme président de la Chambre
Messieurs, je dois vous annoncer
Que nous touchons à fin décembre
Et que janvier va commencer.

Depuis deux mois, dans cette enceinte,
Chaque jour vous venez siéger.
Mais c'est fini, soyez sans crainte :
Carnot vient de vous proroger.

Tout d'abord, que je vous rassure ;
Il ne faut pas s'effaroucher :
Pour vous, la paye est toujours sûre ;
Vous continuez à toucher.

Le repos après la bataille,
C'est la loi de tous ici-bas :
Quand, depuis longtemps, on travaille,
Il faut bien se croiser les bras.

Si l'interruption est brusque,
Tôt vous reviendrez travailler,
Car vous êtes prorogés jusque
Au second mardi de janvier.

Vous avez, chose consolante,
Bien employé la session.

Votre besogne, quoique lente,
Mérite l'admiration.

Chambre, de réformes avide,
Pour le progrès, tous, vous luttez.
Vous vous agitez dans le vide,
Mais, enfin, vous vous agitez.

Conseillés par la voix publique,
Voulant un président nouveau,
Vous avez, à la République,
Donné quelque autre soliveau.

Pour notre pays qui vous somme
De tout faire et de tout oser,
Vous n'avez rien, rien fait, en somme.
— C'est l'heure de vous reposer.

19 décembre.

A MON AMI JEAN AJALBERT.

LE MARIAGE MIELVAQUE-CAMPOS

> Le mariage de M. Mielvaque avec Mlle de Campos a été célébré hier, à Londres.
> L'archevêque de Paris avait envoyé son autorisation.
>
> *Cri du peuple.*

Air de *Cadet Rousselle.*

Il faut voir Rubau-Donadeu ; (bis)
Depuis hier, il est à feu : (bis)
Tout son avenir se détraque ;
Mercédès épouse Mielvaque !
    Ah ! ah ! c'est épatant !
Monsieur Rubau n'est pas content !

De l'Espagnole, ignoble agent, (*bis*)
Il « administrait » tout l'argent, (*bis*)
V'lan ! tout à coup, quelle anicroche !
La galette change de poche !
    Ah ! ah ! c'est épatant !
Monsieur Rubau n'est pas content !

Il va falloir, au jeune époux, (*bis*)
Donner l'argent, l'or et les sous, (*bis*)
Pour ce tripoteur quels mécomptes !
C'est l'heure de rendre des comptes.
    Ah ! ah ! c'est épatant !
Monsieur Rubau n'est pas content !

Jusqu'à sa mort, il espérait (*bis*)
Que le trésor lui resterait. (*bis*)
Du mari dorant la débine,
Le trésor, vers lui, se débine !
    Ah ! ah ! c'est épatant !
Monsieur Rubau n'est pas content !

D'un fromage énorme loti, (*bis*)
Il s'y trouvait fort bien blotti, (*bis*)
Pauvre rat que l'on déménage,
On l'expulse de son fromage !
    Ah ! ah ! c'est épatant !
Monsieur Rubau n'est pas content !

Mielvaque, en son vol de condor, (*bis*)
Hélas ! emporte le veau d'or ! (*bis*)
A la recherche il faut se mettre
D'une autre veuve... avant la lettre !

Ah ! ah ! c'est épatant !
Monsieur Rubau n'est pas content !

23 décembre 1887.

A Maurice Talmeyr.

NOEL DES PETITS SANS-SOULIERS

« Noël ! Noël ! les malheureux,
N'ont rien pour eux
Qu'un ventre creux. »
(La Chanson des gueux.)

Noël ! les petits sans-le-sou
    Vont n'importe où,
    Tendant le cou
Devant le bazar qui flamboie.
Avec des yeux pleins de rayons,
Ils regardent, dans leurs haillons,
Les pantins habillés de soie.

Noël ! les petits sans-logis
S'en vont chauffer leurs doigts rougis
Dans les maisons pas terminées.
Noël va venir : c'est minuit.
Mais les feux des veilleurs de nuit
Ce ne sont pas des cheminées.

Noël ! Voyez : les tout petits,
    Fort mal lotis,
    Se sont blottis,
Tremblants, dans le coin d'une porte.
Ils n'ont ni souliers, ni sabots,
Pour mettre les jouets si beaux
Que le petit Noël apporte.

Noël ! c'est le jour; en criant
Le concierge les houspille en
Les menaçant du commissaire.
Ils se lèvent en tressaillant ;
Pauvres petits, en s'éveillant,
Ils n'ont trouvé que la misère.

Noël ! les petits sans-souliers.
  Les sans-loyers,
  Les sans-foyers,
Qui n'avez pas de cheminées,
Noël rouge, courbant le dos,
Viendra vous faire des cadeaux.
Vos peines seront terminées !
  Noël ! Noël ! !

26 décembre 1887.

A MON AMI HENRI LAVEDAN.

LA CHANSON DU CHIFFONNIER

Air de la *Légende de Saint-Nicolas*.

De notre naissance à la mort,
Sur toute chose, le temps mord.
Le torchon succède au paillon
Et la poussière au papillon.

L'or et l'argent : neige qui fond,
Chiffon, chiffon, tout est chiffon.

Où sont les lettres des amants,
Pleines de mots et de serments ?...

Où sont les billets pleins d'aveux,
Les gants oubliés, les cheveux ?...

Constance, amour : neige qui fond.
Chiffons, chiffons, tout est chiffon.

Où sont les jolis compliments
Que les bébés font aux mamans ?...
Où sont les langes des petiots ?...
Les bavettes et les maillots ?...

L'innocence : neige qui fond.
Chiffon, chiffon, tout est chiffon.

Où sont les maris trépassés,
Vantés, pleurés et remplacés ?...
Qu'est devenu le voile noir
De cette veuve au désespoir ?...

Fidélité : neige qui fond.
Chiffon, chiffon, tout est chiffon.

Où sont les vieux soleils couchants ?...
Les charmilles, les fleurs des champs ?...
Où sont les brises du beau temps ?...
Les lilas du dernier printemps ?...

Feuilles des bois : neige qui fond.
Chiffons, chiffons, tout est chiffon.

Où sont les discours effacés,
Par les candidats prononcés ?...
Et les vieilles professions
Des dernières élections ?...

Les affiches : neige qui fond.
Chiffon, chiffon, tout est chiffon.

Où sont les rouges pantalons,
Les capotes et les galons
Des preux fauchés comme les blés ?...
Où sont les vieux drapeaux criblés ?...

Héroïsme : neige qui fond.
Chiffon, chiffon, tout est chiffon.

Où sont les croix et les parfums
Des couronnes des vieux défunts ?...
Où sont les vieux linceuls sacrés,
Par de douces mains préparés ?...

Vieux souvenirs : neige qui fond.
Chiffons, chiffons, tout est chiffon.

Gloire, amour, bonheur, tour à tour,
Chaque chose est chiffon, un jour.
Tombe ou berceau, tout est butin
Pour la hotte du chiffortin.

L'existence : neige qui fond.
Chiffon, chiffon, tout est chiffon !

Où sont les chansons d'autrefois ?...
Que fera-t-on, dans quelques mois,
De ces vers, par moi publiés ?...
Des cornets pour les épiciers.

Chansonnettes : neige qui fond.
Chiffon, chiffon, tout est chiffon.

29 décembre 1887.

TABLE ALPHABÉTIQUE DES MATIÈRES

A bas Ferry ! (4 décembre 1887)................ 336
Abbé Roussel (l') (6 décembre 1886)............ 1
Adieux de l'Élysée (les) (22 novembre 1887)........ 325
Affaire Campos (l') (24 juin 1887)............. 219
Affaire Roussel-Harchoux (l') (3 février 1887)...... 74
A la cloche des bois (9 janvier 1887)........... 38
Anarchistes de Chicago (les) (17 octobre 1887)....... 303
André Gill (8 mai 1887).................... 178
Anti-propriétaires (les) (9 avril 1888).......... 163
Après l'exécution (3 septembre 1887)............. 274
Attends ! je viens ! (4 mai 1887)............. 177
Au Tonkin (13 juin 1887).................. 209
Autorité (l') (8 décembre 1887)............... 339
Avant l'exécution (20 août 1887).............. 268
Aveux (les) (28 décembre 1886)............... 23
Avocat et chansonnier (17 février 1887).......... 92

Baffier (6 avril 1887).................... 159
Bal de l'Élysée (le) (13 février 1887)........... 87
Banc des ministres (le) (14 décembre 1886)........ 6
Banquet patriotique (17 décembre 1886).......... 11
Beaucoup de bruit pour rien (14 décembre 1887)..... 342
Bel Honnorat (le) (11 novembre 1887)........... 316
Bon sergot (le) (5 juin 1887)................ 195
Bons gendarmes (16 août 1887)............... 255
Bookmakers (les) (12 février 1887)............. 86
Bottes des sergots (les) (7 novembre 1887)........ 313
Boulangistes (les) (3 juin 1887).............. 192
Braillards (les) (28 février 1887)............. 109

Ça (6 janvier 1887)...............................	34
Ça peut durer tout l'temps (8 juin 1887).............	202
Candidat (le) (3 mars 1887)........................	114
Carême du prolétaire (le) (25 février 1887)..........	104
Carmagnole des bureaux de placement (la) (30 mars 1887).	154
Carmagnole des meurt-de-faim (la) (27 juin 1887).....	225
Censeurs (les) (2 février 1887).....................	70
Ce qu'on mange à Paris (7 septembre 1887)...........	278
Chanson de l'homme de peine (la) (1er mars 1887)....	111
Chanson des ouvriers (la) (1er février 1887)..........	68
Chanson du ventre (la) (21 février 1887)............	97
Chanson des policiers (la) (8 mars 1887)............	126
Chanson des gifles (la) (20 mars 1887)..............	137
Chanson des nourrices (la) (26 mars 1887)..........	144
Chanson du scieur de long (la) (21 mai 1887)........	180
Chanson du chiffonnier (la) (29 décembre 1887)......	348
Chanson de l'Être suprême (4 janvier 1887)..........	31
Chansons d'hiver (18 décembre 1886)...............	18
Chez les Grévy (31 octobre 1887)..................	303
Cigarières de Marseille (les) (29 janvier 1887).......	64
Cimetière des naufragés (le) (17 avril 1887).........	167
Cinq (les) (21 août 1887)..........................	261
Commission d'incendie (la) (4 septembre 1887).......	273
Congrès ouvrier (19 août 1887)....................	258
Conseillers et préfet (11 juin 1887).................	205
Crise ministérielle (la) (7 décembre 1886)...........	2
Crise présidentielle (la) (24 novembre 1887).........	327
Curé récuré (17 juin 1887)........................	215
Czar s'amuse (le) (29 décembre 1886)..............	25
D'Andlau et la police (10 novembre 1887)...........	314
Déclaration ministérielle (la) (2 juin 1887)...........	190
Décorés par la Limouzin (19 octobre 1887)..........	304
Déluge universel (le) (27 décembre 1886)...........	20
Déplacement du colonel Bouchy (le) (14 septembre 1887).	289
Deux échafauds (les) (15 janvier 1887)..............	46
Deux Floquet (les) (7 août 1887)...................	250
Directeur et secrétaire (9 juin 1887)................	204
Droit du placeur (le) (31 mars 1887)...............	153
Duel Ferry-Boulanger (le) (3 août 1887)............	244
Enfermeurs (les) (20 juin 1887)....................	218
Enlèvement de Mlle de Campos (19 juin 1887).......	217
Enquête (l') (10 septembre 1887)...................	283

TABLE ALPHABÉTIQUE DES MATIÈRES.

En revenant de la Tosca (29 novembre 1887).......... 331
En revenant de la foire (26 avril 1887) 171
En r'venant de Buzenval (26 janvier 1887)........... 59
Entrée du printemps (l') (23 mars 1887)............ 139
Épilogue de la mobilisation (16 septembre 1887)..... 293
Espions (les) (6 février 1887)..................... 77
Évangile du patron (20 décembre 1886).............. 13
Exécution de Pranzini (l') (2 septembre 1887)....... 268

Famille Schnœbelé (la) (2 octobre 1887)............. 300
Fille d'ouvriers (27 février 1887)................. 107
Fonds (les) (19 septembre 1887).................... 294
Fragment d'opéra... futur (13 janvier 1887)......... 44
Froid (le) (6 novembre 1887)....................... 312
Funérailles de Paul Bert (17 janvier 1887).......... 48

Giboulées (les) (2 mars 1887)...................... 113
Grève noire (la) (22 mai 1887)..................... 182
Grisou (le) (5 mars 1887).......................... 120
Guerre (la) (10 février 1887)...................... 81

Histoire et la légende (l') (31 janvier 1887)....... 66
Homme et la terre (l') (25 juin 1887).............. 221
Hommes d'armes de l'Hôtel de Ville (les) (12 juin 1887)... 207

Il est r'venu (16 novembre 1887)................... 319
Il reviendra! (1ᵉʳ juillet 1887)................... 227
Il reviendra! (13 août 1887)....................... 253
Il s'en va! (10 juillet 1887)...................... 235
Inconnus (les) (24 mars 1887)...................... 141
Indemnité (11 mars 1887)........................... 132
Insulteurs (les) (17 mars 1887).................... 134
Ivrogne et sergot (10 avril 1887).................. 165

Jour de l'an (le) (2 janvier 1887)................. 30
Jour des Rois (le) (7 janvier 1887)................ 35
Jules Ferry et Cⁱᵉ (5 août 1887)................... 247

Légende du chiffonnier (la) (4 mars 1887).......... 118
Lettre de l'Achantis (13 septembre 1787)........... 288
Liberté du travail (la) (30 septembre 1887)........ 298
Loi sur les récidivistes (la) (28 mars 1887)....... 148

Marchand de marrons (le) (9 décembre 1886).......... 4
Marche du parti ouvrier (la) (1ᵉʳ avril 1887)....... 154

Mardi gras du va-nu-pieds (le) (23 février 1887)........	101
Manifeste du comte de Paris (la) (20 septembre 1887)....	296
Marseillaise orléaniste (la) (22 février 1887).........	99
Marseillaise de la jeunesse (la) (14 juin 1887)........	212
Marseillaise des Lavaliens (la) (8 septembre 1887).....	280
Marseillaise des Grévystes (la) (28 novembre 1887).....	329
Meilleur président (le) (5 décembre 1887).............	337
Mélinite (la) (11 janvier 1887).......................	42
Mercredi des Cendres (le) (24 février 1887)...........	102
Message de M. Sadi-Carnot (le) (16 décembre 1887).....	344
Mineur (le) (6 mars 1887)............................	122
Monument de M. Thiers (le) (6 septembre 1887)........	277
Monsieur Brisson (9 décembre 1887)..................	344
Monsieur et madame de... (13 juillet 1887)..........	238
Monsieur et Madame de Rousson (16 février 1887).....	89
Mort du traître (la) (5 janvier 1887)..............	33
Mot de Cambronne (le) (28 avril 1887)..............	173
M'sieur Paulus (9 septembre 1887)..................	281
M'sieur Rochefort (17 novembre 1887)...............	321
Mur (le) (4 novembre 1887).........................	310
Musée des horreurs (le) (18 février 1887)..........	93
Neige (la) (8 janvier 1887)........................	37
Noël des petits sans-souliers (26 décembre 1887)...	346
Opinion de Jean Prolo (l') (6 août 1887)...........	249
Opportunistes et les intransigeants (les) (11 décembre 1886).	6
Oreillers aux pieds du lit (les) (5 octobre 1887)...	302
Ote donc ton chapeau! (8 avril 1887)...............	161
Ouvriers (les) (18 mai 1887).......................	178
Pains (les) (18 janvier 1887)......................	50
Pâle travailleur (23 mai 1887).....................	183
Parlement en permanence (le) (3 décembre 1887).....	334
Paris sans gaz (6 juin 1887).......................	198
Partira!... partira pas!... (11 juillet 1887)......	237
Petit homme brun (le) (5 septembre 1887)...........	275
Petits de Porquerolles (les) (11 février 1887).....	83
Peuple et la foule (le) (17 août 1887).............	256
Peuple s'amuse (le) (24 mai 1887)..................	184
Place de la Roquette (1er septembre 1887)..........	266
Plus jolie femme de Paris (la) (8 juillet 1887)....	232
Pochard et César (7 mars 1887).....................	124
Pochard et les saints (le) (30 décembre 1886)......	26

TABLE ALPHABÉTIQUE DES MATIÈRES. 359

Poisson d'avril (2 avril 1887)............ 156
Porte Saint-Denis (la) (19 janvier 1887)........... 52
Portier de l'obélisque (le) (10 janvier 1887)........... 40
Pour la tombe d'André Gill (11 septembre 1887)....... 285
Pour la grève! (9 mars 1887)............ 128
Pour les inondés (13 décembre 1886)............ 10
Président Crampon (le) (1er décembre 1887)........... 333

Quatorze juillet du vagabond (le) (15 juillet 1887)...... 240
Question de l'eau (la) (28 juin 1887)............ 223

Rameaux (les) (3 avril 1887)............ 158
Régime parlementaire (le) (4 juin 1887)........... 194
Regrets d'un beau-père (les) (23 novembre 1887)....... 326
Rentrée des Chambres (la) (12 janvier 1887)........... 43
Réponse du tintamarresque (18 mars 1887)........... 135
Résidents (les) (13 décembre 1886)............ 7
Réveillon des gueux (le) (26 décembre 1886)........... 19
R*eurs (les) (1er juin 1887)............ 188
Rubau-Donadeu (15 septembre 1887)............ 291

Saisons de la République (les) (1er janvier 1887)........ 28
Sang des martyrs (le) (14 novembre 1887)............ 318
Sangsues (les) (6 février 1887)............ 78
Sans-vacances (les) (4 août 1887)............ 245
Sire de Fisch-Tonkin (le) (11 août 1887)............ 251
Société protectrice des animaux (la) (23 janvier 1887)..... 57
Su' la butte (21 janvier 1887)............ 55

Temps des crises (le) (10 décembre 1886)............ 5
Temps des rhumes (le) (19 novembre 1887)........... 324
Ténor (le) (16 juin 1887)............ 214
Toast du forgeron (le) (4 février 1887)............ 74
Tombeau des fusillés (le) (30 mai 1887)............ 186
Tour Eiffel (la) (19 février 1887)............ 95
Tout petit Goblet (le) (27 mars 1887)............ 146
Tremblements de terre du Midi (les) (26 février 1887)... 106
Trop connus (les) (25 mars 1887)............ 142

Une fin chrétienne (22 décembre 1886)............ 16
Une nouvelle (22 avril 1887)............ 169
Une première au Théâtre-Français (20 janvier 1887)..... 53

« Veuve » (la) (30 août 1887)............ 264
Victime du travail (7 juin 1887)............ 200

TABLE ALPHABÉTIQUE DES MATIÈRES.

Victor (3 juillet 1887)	220
Vidangeurs (les) (24 décembre 1887)	17
Vieux (les) (27 janvier 1887)	62
Vitriol (le) (30 juillet 1887)	242
V'là-z-un gendarme (4 juillet 1887)	231
Voltaire (5 février 1887)	75
Vrais paysans (les) (12 septembre 1887)	287
Zola dégoûte Bonnemain (20 août 1887)	259

FIN DE LA TABLE DES MATIÈRES.

Sceaux. — Imprimerie Charaire et fils.

www.ingramcontent.com/pod-product-compliance
Lightning Source LLC
Chambersburg PA
CBHW070901170426
43202CB00012B/2144